PATTLOCH

Christian Schüle

WIE WIR STERBEN LERNEN

Ein Essay

PATTLOCH

Besuchen Sie uns im Internet:
www.pattloch.de

FSC
www.fsc.org
MIX
Papier aus verantwortungsvollen Quellen
FSC® C006701

Umschlaggestaltung: ZERO Werbeagentur, München
Satz: Adobe InDesign im Verlag
Druck und Bindung: CPI books GmbH, Leck
ISBN 978-3-629-13042-6

2 4 5 3 1

Die Beschäftigung mit dem Tode
ist die Wurzel der Kultur.
Friedrich Dürrenmatt

Kann man überhaupt
zum richtigen Zeitpunkt sterben?
Julian Barnes, »Flauberts Papagei«

Sicherheitshinweis

Was in diesem Essay zur Sprache kommt, mag nicht auf jeden zutreffen und nicht für jeden stimmen. Nicht jeder wird sich in der Figur des »zeitgenössischen Individualisten« wiedererkennen, und nicht alles, was verhandelt wird, lässt sich empirisch beweisen. Manches mag dem einen übertrieben, dem anderen verstörend erscheinen. An keiner Stelle wird es eine Handlungsanleitung geben, und alles, was gesagt sein wird, ist streitbar. Religiöses Pathos, missionarischer Eifer oder eine Absicht zu belehren sind zu jeder Zeit ausgeschlossen. Die Vermutung aber, jedes Nachdenken über Sterben, Tod und Trauer münde logischerweise in Trübnis und Verzweiflung, wird am Ende mit einem fulminanten Bekenntnis zur Freude am Leben widerlegt sein.

I

Der Zeitgenosse im Sog seiner Gegenwart

1

Die Tragik des Menschen besteht darin, dass der Kampf gegen den Tod schon bei der Geburt verloren ist. Der Mensch lebt auf den Tod hin. Man könnte sagen: Er stirbt sein Leben lang. Der Tod ist die erzwungene Zielvereinbarung des Lebens mit sich selbst. Kampf bestimmt dieses Leben zum Tode hin, aber der Mensch kämpft nicht gegen den Tod. Er kämpft mit dem Tod um das Leben und weiß, dass er es trotz allem sterbend verlieren wird. Diese Erkenntnis ist nicht neu, war aber bis vor kurzem peinlich verdrängt.

Das Glück des Menschen besteht darin, dass er den Tod überlisten kann. Er setzt Kreativität, Wissen und Verstand dafür ein, das Schicksal bestmöglich zu korrigieren. Weil der Tod nach wie vor seine größte narzisstische Kränkung ist, organisiert der Mensch mit großem Aufwand die Verzögerung seines Endes durch Technik, Chirurgie, Chemie, Pharmazie und Verbotsgesetze. Er errichtet ein Kontroll-Regime, um den Tod aus dem Leben zu verdrängen. Täglich ist er damit beschäftigt, sein Sterben zu ignorieren, in der Verdrängung mutet der Tod beherrschbar an. Der Mensch suspendiert mit ihm, dem Tod, auch das Schicksal und, sagen wir es pathetisch, mit dem Schicksal die Herrschaft der Götter. Er entmystifiziert das Heilige und heiligt so den Mythos von der Unsterblichkeit. Das Glück dieses anti-antiken Lebens aber ist nur ein scheinbares. Es ist geborgt. Keine Neuigkeit ist das für jene, die zu sterben verstehen. Die anderen aber werden das Sterben lernen müssen.

Das Drama des Menschen besteht darin, sein Ende geistig nicht bewältigen zu können. Das Nichts des Todes übersteigt die Mächtigkeit des Verstandes. Der Verstand kann sich das eigene Ende nicht vorstellig machen, weil der Verstand über jedes Ende hinausdenkt, um es überhaupt fassen zu können. Das Betriebssystem des Lebens ist der Wille: Was lebt, will. Es drängt. Es vibriert. Es will voran und aus sich heraus. Als definitives Ende des Lebens ist der Tod Herrscher über den Willen zum ewigen Anfang. Nie wurde es dem wollenden Menschen leichter gemacht, sein Ende zu verleugnen, als in unserer Epoche der totalitären Ökonomie, die einzig und allein den ewigen Aufbruch im Sinn hat und uns die dafür verbrauchte Zeit in Rechnung stellt.

Das Verhängnis des Zeitgenossen schließlich besteht darin, in der totalen Gegenwart zu leben. Totale Gegenwart ist gekennzeichnet sowohl durch die Verdichtung von Raum und Zeit wie durch die Herrschaft der Sachverhalte. Diese Sachverhalte sind Positiva und dem Wort gemäß all das, was *da* ist, verfüg-, ge- und verbrauchbar.

Tragik, Glück, Drama und Verhängnis des zeitgenössischen Menschen programmieren das Paradoxon der späten Moderne, in der wir zu Beginn des dritten Jahrtausends schon eine ganze Weile leben: hysterische Todessensibilität bei gleichzeitiger Todesverdrängung. Die archaisch-antiken Menschheitsmythen, die das Leben stets vom Tod her dachten und das Individuum in eine höhere Transzendenzgewissheit hievten, scheinen passé. Die Geschichts- ist so groß wie die Herkunfts-, diese so groß wie die Traditionsvergessenheit. Allgemeingültige Übereinkünfte erodieren in dem Maß, in dem das Gespräch über sie verstummt. Wertsysteme sind erfasst vom Furor des permanenten Wandels, wodurch der Wandel an sich zum Wert geworden ist: Wandle dich, dann hast du Wert! Wandle dich, dann bist du! Sei flexibel, sei mobil! Sei niemals still!

Lange hat der Geist der Zeit uns gelehrt, Tragik, Drama und Verhängnis des eigenen Menschseins zu ignorieren. Sterben und Tod waren der Tyrannei ihrer Verleugnung ausgeliefert. Trügen jedoch die Zeichen nicht, hat seit kurzem ein Wandel die Gesellschaft erfasst – nicht flächendeckend, aber zunehmend breiter, nicht stürmisch, aber böig, nicht radikal, aber stetig. Im Fahrwasser des ökonomischen Sogs durch Funktionstüchtigkeit, Fitness und Flexibilität haben denkwürdigerweise die letzten Dinge an Bedeutung gewonnen: Funktionsuntüchtigkeit, Verfall und Vergänglichkeit. Ein neuer Geist bildet neue Vorstellungen, Bilder und Begriffe von Leben und Sterben aus. Er formatiert die Matrix eines neuen Todesbegriffs und formuliert bisher ungewohnte Aussagen über Leid, Schmerz, Trauer und Erinnerung. Das paternalistische Denken im Umgang mit Tod und Trauer schwindet, Ideologien verebben, Dogmen erodieren. Der Zeitgenosse will Trost im Diesseits, weil ihn ein Jenseits nicht mehr überzeugt. Diese Beobachtung ist keine empirisch belastbare Wahrheit, sie ist eine Tendenz.

Kulturhistorisch betrachtet ist in Deutschland in den vergangenen fünfzehn Jahren eine kleine Revolution geschehen: Der Mensch von heute lässt sich seinen

Tod nicht mehr aus der Hand nehmen. Er denkt Sterben, Tod und Trauer neu.

Das hat erhebliche Konsequenzen für Medizin, Rechtsphilosophie, Ethik und Politik. Weltanschauliche Fragen spielen dabei eine immer kleinere Rolle, allgemeinverbindliche Regeln im Umgang mit Tod und Trauer stehen nicht mehr zur Verfügung. Am gewandelten Umgang mit dem Skandal der Sterblichkeit lässt sich schließlich ein verändertes Selbstverständnis ablesen. Das Bild des Menschen ist im Begriff, sich zu verändern. Inwieweit dadurch ein neues Menschenbild bereits entstanden ist oder just entsteht, ist eine Frage der Perspektive; wie tief- und ausgreifend jene Veränderungen sind, steht folgerichtig in den Sternen. Im Spannungsfeld von Optimierung, Optionalität und Ökonomie über die letzten Dinge des Lebens zu sprechen heißt, die Frage nach dem Verhältnis von Leben und Tod auf der Höhe des Zeitgeists neu zu stellen. Sterben und Tod sind nach wie vor die größte Herausforderung des Individuums, und ihre Bewältigung beginnt mit der Erkenntnis, dass der Tod ins Leben zurückkehrt.

2

Wer das Ende inspiziert, muss nach dem Anfang fahnden. Er hat, so versteht sich dieser Essay, eine Biographie des Todes in Zeiten totaler Gegenwart zu verfassen. Er hat – um die Modalitäten des Finales zu begreifen – die zeitgemäßen Umstände des zeitgenössischen Lebenslaufs zu kennen. Er hat zu fragen, auf welche Weise, unter welchen Umständen und in welchen Kontexten heute gestorben wird und welche Bedeutung der Tod in unserer Epoche hat – vor dem Hintergrund sozialer, philosophischer und ökonomischer Kontexte. Lesen wir Sterben und Tod also auf der Basis der ökonomischen, politischen und sozialen Verhältnisse; verstehen wir Sterben, Tod und Trauer in Zeiten von Wachstum, Gewinn und Steigerung. Räumen wir ein, dass uns die Angst vor Scheitern, Leid und Vergehen sprachlos gemacht hat.

Zu allen Zeiten wurde gestorben, und zu allen Zeiten wurde es unterschiedlich getan, obwohl am Ende des Sterbens immer der Tod stand und steht. Beide, Sterben und Tod, sind eingebettet in das je kulturelle Selbstverständnis einer Epoche, und die Art, wie der Mensch stirbt, ist bedingt durch individuelle Wertvorstellungen, gesellschaftliche Normen und eine konventionelle Moral. Der sozioökonomische und soziokulturelle Gesamtzusammenhang seiner Zeit bettet den Einzelnen in eine immer schon bestehende Lebenswelt ein, mit der er sich zu arrangieren hat. Die Ausgangsfrage aller Betrachtungen scheint also einigermaßen simpel zu sein: Was ist Leben generell, und was ist Leben unter den Bedingungen und Beschreibungen der Gegenwart?

Oliver Sacks, schriftstellernder Psychiater und Neurowissenschaftler, gibt einen guten Hinweis auf die anthropologische Besonderheit des Menschen, die er im geistig-seelischen Bedürfnis der Steigerung erkennt. »In den Tag hinein zu leben«, schreibt Sacks, »ist für Menschen unbefriedigend; wir brauchen Transzendenz, Entrückung und Flucht; brauchen Sinn, Erkenntnis und Erklärung; brauchen allgemeingültige Muster, die in unserem Leben sichtbar werden. Wir brauchen Hoffnung und das Gefühl, eine Zukunft zu haben. Und wir brauchen die Freiheit (oder zumindest die Illusion der Freiheit), über uns selbst hinauszugelangen – egal, ob mit Teleskopen, Mikroskopen und anderen Erfindungen unserer unermüdlich fortschreitenden Technik, oder in Bewusstseinszuständen, die uns ermöglichen, in andere Welten zu reisen, unsere unmittelbare Umgebung zu überschreiten. Wir brauchen diesen inneren Abstand genauso wie die intensive Teilnahme am Leben.«

Die aktuelle Epoche leistet sich einen bemerkenswerten Widerspruch: Sie feiert das Leben und ist dennoch eine Todeskultur. Wir, ihre Zeitzeugen, leben zwischen Todesverdrängung und Todespräsenz. Die Kultur der totalen Ökonomie, der Optimierung und des Exzesses ist eine Todeskultur, weil sie sich permanent auf den Tod bezieht, um ihn auf alle Fälle zu vermeiden. Wir verleugnen und verdrängen den Tod, um uns nicht eingestehen zu müssen, dass das Ende des Lebens immer schon gegenwärtig ist. Wir maskieren unseren Todesbezug mit der Diktatur der Gegenwart, um uns nicht anmerken zu lassen, dass das Ende jeder Zukunft immer schon begonnen hat. Wer denkt schon daran, sterben zu müssen?

Die Kunst der Todesverleugnung ist eine andere als die Macht der Todesverdrängung. Wird etwas verleugnet, leistet man sich eine Täuschung über Tatsachen: Ein Glas steht entweder auf einem Tisch oder nicht. Man könnte sagen, das Glas stehe nicht auf dem Tisch, sondern existiere nur in der Einbildung. Was gemäß dem Gesetz der Logik folgte, wäre eine Prüfung auf die materielle Existenz des Glases anhand seiner Gegenständlichkeit. Wenn das Glas auf dem Tisch steht, wird man es anfassen und fühlen können. Die sinnliche Erfahrung gilt als objektiver Beweis.

Wie aber verhält es sich mit dem Tod? Man könnte sagen: Es gibt den Tod nicht. Was soll das sein, Tod? Nicht-mehr-Leben? Ein Zustand? Eine Behauptung? Ein kühler Terminus? Gibt es den Tod als solchen überhaupt, oder ist er nur die Negation von etwas Daseiendem? Und wie kann man legitimerweise vom Tod als Ereignis sprechen, wenn er doch dadurch definiert ist, dass er keinen objektiven Status besitzt?

Jenseits dieses Sprachspiels ist für einen lebenden Menschen mit den Instrumenten des Verstandes nicht in Erfahrung zu bringen, ob es den Tod gibt oder nicht. Er kann den Tod nicht wissen, er kann nur *vom* Tod wissen, dem Tod anderer. Der Tod könnte also auch ein Gerücht sein. Man kann ihn nicht anfassen, nicht spüren. Man hat von ihm gehört, ja, und womöglich hat man Menschen gesehen, die von ihm ergriffen wurden. Man hat Leichen gesehen und sie vielleicht angefasst. Für einen selbst aber könnte man all das nicht behaupten, denn noch lebt man und hat den Tod nicht erfahren, und wenn man ihn erfahren haben wird, kann man über ihn nicht mehr sprechen. Was nicht da ist, lässt sich verleugnen.

Weil aber die Verleugnung ein riskantes und letztlich unsicheres Geschäft ist, bietet sich die Verdrängung an. Sie drängt sich geradezu auf. Der Tod wird vom Leben abgespalten und ins Verlies des eigenen Ichs gesperrt. Die Verdrängung negiert den Tod nicht, wie die Verleugnung es tut. Sie schiebt ihn fort. Stünde ein Glas auf dem Tisch (und dieses Glas wäre das

Symbol für den Tod), so würde der Verdränger das Glas in die Hand nehmen, unter den Tisch stellen und sagen: Ich sehe kein Glas.

3

Alles, was wir gegenwärtig tun, zielt auf Sichtbarkeit. Und alles, was wir tun, zielt auf Aufbruch. Ideal ist die Sichtbarkeit des Aufbruchs in der permanenten Performance. Die konvertible Währung der Performance ist der ewige Anfang. Wir leben, könnte man sagen, im permanenten Anfang. Wir leben im totalen Anfangsbezug. Der unausgesetzte Anfang ist der andauernde Aufbruch. Das zeitgenössische Individuum ist immer im Aufbruch. Es kommt nie an ein Ziel, nie an ein Ende, nie an die Grenze. Es fängt stets neu an und bricht stets wieder auf. Sein aktueller Standpunkt ist immer schon Vorspiel des nächsten. Ruhe wäre Stillstand, und nichts verachtet der Geist der Gegenwart mehr, als stillzustehen. Im permanenten Sog des Ökonomischen zu sein heißt ja, im Strom eines stets unternehmerischen Geists zu treiben. In diesem Strom zu treiben heißt aber auch, ohne Halt von ihm getrieben zu werden. Der Sog des Ökonomischen bedeutet, dass alles und jedes auf seinen Ge- und Verbrauch hin betrachtet wird. Selbst der Mensch wird insofern ökonomisiert, als nicht Würde und Wert seiner Persönlichkeit höchste Priorität genießen, sondern seine ver- und gebrauchbare Leistungsfähigkeit.

Wenn von der Ökonomisierung des Menschen und

des Lebens die Rede ist, ist implizit die Rede von Einsatz und Rückgabe. Der Einzelne investiert sich, um sich wieder einsetzen zu können. In volkswirtschaftlicher Logik gesprochen: Jeder Mensch ist seine Aktie. Als Teil des Ganzen besitzt er einen gewissen Wert. Die Höhe dieses Werts definiert sich über sein Können, oder besser: über sein Können*wollen.* Die ganze Leistungsethik des unternehmerischen Geistes zielt auf ein Ethos des Könnens ab, das ein Könnenwollen voraussetzt. Dem moralischen Sollen unterliegen anerkennungspflichtige Regeln, dem individuellen Wollen sind subjektive Grenzen gesetzt. Können hingegen ist per definitionem unbegrenzt. Können scheint unendlich steigerbar zu sein. Können impliziert immer die Steigerungsfähigkeit ad infinitum.

Können heißt immer auch, dass das Individuum gänzlich auf sich selbst zurückgeworfen ist, denn niemand anderer als es selbst kann das Können können. Sein Kapital besteht in der Potenzialität. Es besteht im Können. Dem Können geht immer schon ein Sollen und Wollen voraus. *Können* ist die grenzenlose Möglichkeitsform. Prinzipiell hat Können keinen Anfang und kein Ende, und was genau Können ist und sein soll, bleibt unbestimmt. Woher der Mensch sein Können bezieht, ist seine Sache. Beziehen aber muss er es unbedingt. Können hat nur ein Ziel: noch mehr Können. Die Steigerung um ihrer selbst willen. Die Ökonomisierung des Menschlichen bemisst den Menschen am Wert seines Könnens, nicht am Wert seiner Persönlichkeit und insofern am Wert seines Körpers, als der Körper (worin begriffen auch die Psyche steckt) materialer Garant fürs Können ist. Vom Menschen erfordert das Könnenwollenmüssen bislang nicht bewährte Fertigkeiten. Der Einzelne muss sich sein Können abringen; der eine ringt sich dabei mehr ab, der andere weniger. Als Individuum, als unteilbare Einheit, muss er die Könnenskompetenz (eine Art Lebensführungskompetenz) mühsam erlernen. Nur: Wann ist Können ein Können und also eine Kompetenz, die als Wert verhandelbar ist? Wie viel Können ist nötig, um als »Können« bestehen zu können? Und was hat all das mit Sterben und Tod zu tun?

Vieles, wenn nicht alles.

Den permanenten Aufbruch und das undefinierte wie infinite Können zum Maßstab des Menschseins gemacht zu haben ist eine der tragenden Eigenschaften des gegenwärtigen Lebensgesamtverwaltungssystems westlicher Marktgesellschaften. Scheitert das Individuum an diesen Anforderungen, scheitert es automatisch an seinen. Niemand anderes ist für das Scheitern an den Könnens-Ansprüchen haftbar zu machen als das nichtkönnende oder nichtmehrkönnende Individuum selbst. Die Selbstausbeutung ist, wie der koreanische Philosoph Byung-Chul Han zu Recht bemerkt, die große Leistung der gegenwärtigen Ökonomie. Deren System ist klug genug, weder Entscheidungen noch Erlösungen anzubieten; es verlagert die Entscheidung und Erlösung in die Sphäre des Subjekts und somit in die Eigenverantwortlichkeit des Einzelnen. Die Logik des Systems besteht darin, dass der Einzelne für jeden Schaden, den er erleidet, selbst verantwortlich ist. Keine Instanz erlöst ihn durch Aufhebung in ein höheres Vergeben. Insofern ist die kapitalistische Ordnung eine religiöse, als sie den Glauben an die Möglichkeit des Könnens voraussetzt, ohne eine Ethik des Scheiterns anzubieten.

Dieses Leistungsethos aber etabliert ein Menschenbild, das den Menschen bei der Hälfte zurücklässt. Sterben und Tod sind nicht vorgesehen. Sterben und Tod sind das Nichtmehrkönnen par excellence.

4

Vielleicht glauben wir an Gott, vielleicht nicht, vielleicht ein bisschen, fast sicher aber glauben wir alle an die unbedingte Zukunft als Rendite fürs pure Dasein der Gegenwart. Wir sind Gläubiger unserer selbst und stellen unserem Leben einen ungedeckten Scheck aus: Vertrauen auf Zeit, verbunden mit dem Zins, der in der Zeit wächst: brauchbares Leben. Brauchbares Leben ist Leben, das sich einsetzen lässt, um dafür weiteres Leben zu bekommen. Eine Form biologischer Rendite also.

Die Gesellschaftsform einer Ökonomie, die auf der permanenten Bereitstellung von brauchbarem Leben beruht, hat nichts anderes im Sinn als Anfang und Aufbruch, Addition und Akkumulation brauchbaren Lebens. Die Lebenswelt dieser Gesellschaftsform – in der Erscheinungsweise des liberalen Rechts- und Wohlfahrtsstaats womöglich die freiheitlichste aller Zeiten – definiert sich über totale Gegenwart und strebt ausschließlich nach Zukunft. Sie setzt auf den Faktor Wachstum. Die so gekennzeichnete späte Moderne unterscheidet sich von allen Epochen vor ihr dadurch, dass in ihr das Sterben nicht vorgesehen ist. Im ständig wachsenden und nachwachsenden Leben ist die *Möglichkeit* des Sterbens nicht vorgesehen (und doch ist das Sterben des Lebens notwendig vorausgesetzt: würde es kein Sterben geben, hätten wir nicht nur ein Raumproblem, sondern auch die demographische Inflation).

Alle Energie des Lebens richtet sich nach vorn, um für den ständigen Aufbruch verbraucht zu werden. Sterben und Tod aber lassen sich nicht ge- und verbrauchen. Beides steht dem Regime der Verwertbarkeit entgegen. Sterben und Tod sind Bruch und Abbruch. Sie sind die totale Negation der totalen Positiva einer totalen Gegenwart, deren Ziel totale Zukunft als neue totale Gegenwart ist. Da die Ökonomie allein Produktion, Herstellung, Schaffung und Schöpfung dessen im Sinn hat, was sich ge- und verbrauchen lässt, stellen Sterben und Tod in ihrer unproduktiven, unschöpferischen, unbrauchbaren Negativität das Ende jeder ökonomischen Realität dar. Sie stellen nichts weiter her als die Abschaffung des Menschen als Konsumenten. Sterben und Tod produzieren Unbrauchbarkeit. Drehte man das Vorzeichen um, würde es heißen: Das Leben als Sterben definiert sich über den Ge- und Verbrauch seiner selbst mit dem Faktor Schrumpfung.

Introspektion 1

Ich weiß nicht, wann, wie und wo ich sterben werde. Gewiss ist nur, dass es geschieht. Mein Tod wird kommen, das Ende ist vorgezeichnet. Stürbe ich nicht, wäre ich kein Mensch. Das Ungewisse an der Gewissheit des eigenen Todes setzt jedes Individuum in den existenziellen Konflikt mit sich; auch der größte Eigensinn wird daran nichts ändern. Im eigenen Tod wird die Illusion der Selbstmächtigkeit zur Idiotie. Seit jeher lebe ich in der Vorstellung, mir meinen eigenen Tod nicht vorstellen zu können. Deswegen kann ich ihn auch nicht fürchten. Was ich fürchte, sind die Umstände meines Sterbens. Ich weiß nicht, ob irgendwann mein Herz versagt und ob dies, wenn es versagt, durch ein Zerren, Reißen oder Ploppen geschieht. Vielleicht zieht sich der Muskel ein letztes Mal zusammen, vielleicht ziehe ich mir eine Entzündung dieses Muskels zu, vielleicht erschlägt mein Herz sich tief drinnen in der Brust selbst, vielleicht hört es einfach zu schlagen auf. Ich weiß nicht, ob sich Teile der Zellen eines Organs zu entdifferenzieren beginnen und Krebs in Leber, Lunge oder Pankreas diagnostiziert werden wird. Ich kann für keines meiner Organe bürgen, obwohl ich alles für sie tue. Ich habe keine Ahnung, was das ist: Sterben, wie Sterben geht, wie Sterben vor sich geht. Ich weiß nur, dass ich keinen Einfluss auf mein Sterben habe, obwohl ich großen Einfluss auf mein Leben zu haben glaube.

Ich weiß nicht, ob ich in naher, mittlerer oder ferner Zukunft nach der Diagnose des kommenden Todes vier oder acht oder hundert Wochen lang passabel lebe und dann mit einem Schlag zu leben aufhöre. Ich weiß nicht, wie es so weit kommen kann, dass meine Organe in einer bis heute geheimnisvoll verschlüsselten Binnen-Kommunikation beschließen, gemeinsam zu versagen. Ich weiß nicht, ob ich über Monate und Jahre hinweg gegen immer neue Geschwüre kämpfen werde. Ich weiß nicht, ob Metastasen mein Rückenmark, mein Gehirn, meine Prostata befallen werden, ob ich dahinvegetiere, verrecke, vor Schmerzen schreie, nach Luft saugend, nach Zukunft ringend. Ich weiß nicht, ob irgendetwas (und was wäre das?) in mir beschließt, nun sei Schluss mit dem Sterben, nun sei Zeit für den Tod, obwohl ich den Tod gar nicht will.

Dass Gott oder ein Gott mein Leben nimmt, glaube ich nicht, was daran liegt, dass ich an keinen handelnden Gott glaube, weder an einen Leben gebenden noch einen Leben nehmenden. Ich glaube an die Unbestechlichkeit der Natur, die ich ständig zu übervorteilen hoffe, aber ich respektiere jede und jeden, die oder der überzeugt ist, ein oder der Gott schöpfe das Leben an sich und ihr oder sein Leben im Besonderen und also nehme er dasselbe, weil nur der, der es gegeben hat, es auch nehmen kann.

Ich weiß nicht, ob ich bis zur letzten Sekunde meines Lebens gesund sein und den schönsten aller Tode haben werde, der im Glück besteht, ein letztes Mal unbeschwert zu atmen und danach nie wieder. Mein Tod wird meine lebenslange Ohnmacht gegen sein Eintreten definitiv beenden; die vorausgeahnte Ohnmacht über diesen Eintritt aber ist ein Zeichen meines vitalen Verstandes. Um den Tod hinauszuzögern, ernähre ich meinen Körper, der mich irgendwann verraten wird, mit strengem Gehorsam gegenüber dem großmütterlichen Menschenverstand, gegenüber den Weisungen der Weisen und Wissenschaftlern der Ökotrophologie, Medizin und Psychologie von reichlich Obst und Gemüse, meide Giftstoffe, rauche nicht und trinke kaum, und wenn, dann nach dem Lustprinzip, das ja, glaubt man den Lehren des Bacchus, sich lebenssteigernd auswirken soll. All das tue ich natürlich auch, um den Tod hinausschieben zu können, um ein paar weitere und natürlich möglichst viele Jahre Leben zu haben, in denen ich dann dennoch und ohne Unterlass ohnmächtig darauf warte, dass mich das Sterben ereilt und etwas in mir (außerhalb meiner selbst kann ich es nicht denken) beschließt, die Sackgassenfahrt in den Tod zu beginnen, wodurch, genau genommen, nichts gewonnen ist, wenn es mir nicht gelingt, die ertrotzten Jahre mit Sinn und Sinnlichkeit, Lust und Schönheit, Dynamik und Bewusstsein zu begehen. Ich könnte natürlich rauchen und trinken, mich kaum bewegen, reichlich Fett, Cholesterin und zuckerreichen, schwarzen Kaffee zu mir nehmen und mit der Geste der Gelassenheit des Ungläubigen sagen: In Gottes Namen, dann kommt der Tod eben ein paar Jahre früher, aber ich habe das Trinken und Rauchen und Schlemmen, den ganzen Aufstand des angeblich schlechten gegen das angeblich gute Leben bis zur Neige genossen. Ich könnte weiter sagen, wenigstens habe ich mein eigenes Sterben genossen, ohne mich lust- und libidofrei durch ein todvermeidendes, todverleugnendes, todverdrängendes Leben zu quälen. Ja, ich könnte sogar sagen, es genossen zu haben, mit jedem Tag eines ignoranten Lebens einen Tag schneller zu sterben, denn immer ist es freilich so, dass der Mensch die Rechnung seines Lebens ohne den Tod macht. Ja, natürlich, das Ende ist immer schon da, und jedem Anfang wohnt das Ende inne.

5

Der Schlüsselbegriff für gelingendes Leben in der Gegenwart ist der Begriff der Selbstbestimmung. Selbstbestimmung ist der normative Nukleus unseres Selbstverständnisses. Selbstbestimmung ist dann gegeben, wenn die Handlungsinitiative nicht von einem anderen, sondern von mir selbst ausgeht; wenn ich selbst als Ausgangspunkt meiner eigenen Handlungsinitiativen agiere. Selbstbestimmung heißt kurzum, dass der Einzelne sein Leben in die eigene Hand nimmt. Das heißt aber auch, dass er sein Leben eigenhändig zu verantworten hat. Eigenverantwortung ist der Preis der Freiheit, das eigene Leben zu gestalten.

Das *Selbst* im Begriff der Selbstbestimmung verweist auf das reflexive Moment des Ich-Konzepts (wenn wir darin übereinkommen sollten, etwas noch längst nicht abschließend Geklärtes wie eine Ich-Identität voraussetzen zu können). Immer schon ist eine Differenz zwischen Ego und Welt gesetzt, und immer schon geht es um den Bezug des Ego zum außerindividuellen Rest in dieser Welt. Selbstbestimmung ist also immer Selbstbezüglichkeit des Einzelnen in Abgrenzung zum Rest. Es ist die Ausweitung der Ich-Zone zu einer Identität oder zumindest ihrer Konstruktion.

Was einst den Menschen durch Religion und Mythos überindividuell umflorte – die Bedingungen für Anfang, Glück und Ende des Lebens –, hat das selbstbestimmte Individuum in sich hineinverlegt. Wer oder was ist verantwortlich dafür, dass der Mensch wird, was er wird? Er, der Mensch selbst! Wer oder was entscheidet, wie das Leben verläuft? Er, der Mensch selbst! Wer oder was gestaltet die Bedingungen, die ihn gestalten? Der Mensch selbst. Über die Jahrhunderte hinweg wurde der Einzelne aus allen externen Traditionszusammenhängen herausgelöst (oder hat es aktiv selbst getan) und steht nun normativ nackt vor sich selbst. Diese Nacktheit ist das Pfund, mit dem er wuchert. Selbst die Moral schafft er sich selbst. Diskurs und Gesellschaftsvertrag haben Transzendenz und göttlichen Willen ersetzt.

Die moderne Selbst-Ermächtigung ist das Resultat eines Begriffs doppelter Freiheit, der den Möglichkeitsraum des Einzelnen auskleidet: der negativen Freiheit *von* Krieg, Zwang, Gewalt, Fremdherrschaft und Fremdbestimmung einerseits und der positiven Freiheit *zu* garantierter Verwirklichung des Selbst und der Persönlichkeit durch die eigenverantwortliche Lebensführung andererseits. Die Selbstbestimmung in doppelter Freiheit, so scheint es zu Beginn des dritten Jahrtausends, ist der Gipfelpunkt der Evolution des Individuums. Und der Mensch an sich – ist er, jeglicher Kontexte enthoben, die Ursache seiner selbst? Würde man die Frage verneinen, müsste es heißen, der Mensch stehe immer schon im geschichtlich gewordenen Kontext aus Wertvorstellungen, Erinnerungsmustern, Selbst- und Sozialverhältnissen. Auf Basis dieser Annahme kommt der politische Philosoph Wolfgang Kersting zur schönen Quintessenz: »Wir müssen uns hinnehmen.« Will heißen: Der Mensch ist seine eigene Voraussetzung und nichts weiter. Der Mensch steht immer schon in einem Verhältnis zur Welt, und immer schon ist er mit der Aneignung seiner selbst in dieser immer schon vor ihm bestehenden Welt beschäftigt.

Immer schon bewegt er sich auf einer Matrix von Normen und Mythen und lebt immer schon in Verhältnissen, die nicht seiner Kontrolle, nicht seiner Gestaltung, nicht seinem Willen unterliegen. Weil mit dem gestürzten Himmel auch die Transzendenz gefallen ist, ist das Individuum auf den epochalen Vorrat an Wert- und Norm-Orientierungen angewiesen.

Eben hier setzt die entscheidende Frage des neuen Umgangs mit Sterben und Tod an: Woher stammen diese Vorstellungen? Und wie verhandelt eine Kultur des sich selbstbestimmenden Individualismus dessen letztlich fremdbestimmtes Ende?

6

Individualisierung ist das Ergebnis einer genealogischen Entwicklung des Individuums in wachsender Selbsterkenntnis – über Selbstorganisation, Selbstbewusstsein, Selbststeigerung bis zur Selbstmächtigkeit. Das Individuum ist »Herr seiner selbst« (Volker Gerhardt) und der moralische Basisakt seines Selbstverständnisses die unbedingte Selbstschätzung. Die Würde des Menschen, von der später noch ausführlich zu sprechen sein wird, gründet also – so darf man die Idee der Selbstbestimmung verstehen – in der absoluten Verpflichtung, nichts höher als den einzelnen Menschen zu bewerten. Das ist eine historische Niederlage des Schicksals. In alten Kulturen wurde dem Schicksal der höchste Wert zugesprochen; Schicksal war der Wille der Götter.

Mit zunehmender Selbstherrschaftlichkeit und absoluter Selbstschätzung hat sich ein großer Teil der Menschen zugunsten ihres Aufstiegs auf die Abschaffung des Schicksals und somit auf die Abschaffung der Götter verständigt. Im Gegensatz zu früheren Epochen kennt man heute das Schicksal nicht mehr. Schicksalhaft gedacht wäre, ein völlig sinnloses Ereignis, etwa einen unverschuldeten Unfall, deswegen als sinnstiftend zu begreifen, *weil* es dem Leben widerfährt. Jede Widerfahrnis wäre ein Fingerzeig des Schicksals. Der Geist der Zeit aber ist ein planender und hat die Verdinglichung auf die Spitze getrieben. Sein Pragmatismus kennt nur noch Glück und Unglück. Und beides, so insinuiert dieser Geist, sei korrigier- und also plan- beziehungsweise verhinderbar. Das heißt im Umkehrschluss: In erster Linie ist die Abschaffung des Schicksals ein Misstrauensvotum gegen die Transzendenz. Der korrigierende Eingriff in das Leben suspendiert den gesamten enigmatischen Bereich des Numinosen, Magischen, Heiligen, wie er bei den Völkern und Kulturen aller Zeiten und Kreise zu studieren ist. Die Arbeit an der Entmythisierung des Lebens durch Verdinglichung ist als epochal zu veranschlagen, denn der Ordnung unserer Gesellschaft liegt zweifelsohne ein ökonomisierendes Nützlichkeitsdenken zugrunde. Sein Algorithmus ist die instrumentelle Vernunft: Sie formt die schiere Möglichkeit zum Faktum, und Faktizität schafft Realität.

Die aufgeklärte Menschheit huldigt jenem Geist eines nützlichkeitsorientierten Materialismus, der als ökonomische Rationalität unser Denken und Handeln steuert, seit gut zweihundertfünfzig Jahren. Das Erfolgsprinzip heißt: *Corriger la fortune*. Begonnen hat der Glaube an die Freiheit zur Korrektur des Schicksals mit dem mechanistischen Menschenbild des französischen Arztes, Atheisten und Philosophen Julian Offray de La Mettrie während der Aufklärung. Die Transzendenzvergessenheit Mettries (die dem Historischen Materialismus der marxistischen Philosophie im Übrigen sehr naherückt) ist seit geraumer Zeit über die kapitalistischen Gesellschaften gekommen wie der Deus ex machina in den Theaterraum.

Interessant ist die Symmetrie der Entwicklung von Freiheit und Materialismus. Die Genealogie des Begriffs »Freiheit« beschreibt den Wandel zum Materialismus ja recht eindringlich: Einst war »Freiheit« die Befreiung von externen Zwängen, wurde dann zur Wahl- und Selbstgestaltungsfreiheit und versteht sich schließlich als Freiheit zum Eingriff in das Gegebene, indem Medizin und Technik den Menschen auf seinen Körper reduzieren und sein Wesen verdinglichen. Diese Entwicklung hat in den Transhumanismus geführt und wirft heute die Frage auf, ob Maschinen die besseren Menschen seien, und, so sie es noch nicht sind, ob sie es einmal werden könnten – der Roboter nicht als Selbstzweck gedacht, sondern, in der Automatisierung der Produktion, als Substitut für einen Menschen. Der Mensch hat die Humanoiden derart perfektioniert, dass der Grund für Sterblichkeit bald kein organischer mehr sein könnte, sondern Materialermüdung. Die andere, keinesweg belanglose Frage nach Sozialverhalten, Gefühlskompetenz, Moral und Recht ist hier noch nicht einmal im Entferntesten gestellt. Die Vorherrschaft programmierbarer, gar »intelligenter« Maschinen über den erratischen Menschen führt zu einem interessanten Paradoxon: Erkannte man nicht in der Selbstbestimmung des Subjekts die höchste Form der Evolution? Und steht die Verdinglichung des Menschen durch die Ökonomie der Verwertung ebendieser Selbstbestimmung nicht fundamental entgegen?

Möglichkeit paart sich mit Nützlichkeit zu einem sozioökonomischen Regime des optimierten, perfektionierten, des bestmöglichen aller Menschen. Und wenn wir die menschliche Psyche richtig verstanden haben, ist die Hoffnung auf Entsagung an dieser Stelle so müßig wie die auf Verzicht im Allgemeinen. Leben heute wird sehr viel mehr als früher *als Leben als solches* aufgefasst, obwohl die Logik der Maximierung gerade funktionsuntüchtiges, schwaches, hinkendes Leben zu selektieren scheint. Marktgläubige, wenn man so will: »Westliche« Gesellschaften sind Verwertungsgesellschaften, weil Wert darin vordringlich hat, was sich verwerten lässt. Werte, die der Verwertung entgegenstehen, werden im besten Fall zur Kenntnis genommen, sind aber letztlich so unbrauchbar wie nicht konvertibel.

Die Verwertungsgesellschaft ist eine Stigmatisierungsgesellschaft, die einer Brandzeichen-Industrie aus Massenmedien, Boulevard, Konsumgüter-, Werbewirtschaft und Standortpolitik hörig ist wie einem schillernden Verführer. Medizintechniker sind die Türsteher, Hirnforscher die Gutachter, Ökonomen die Betreiber jenes Marktes, dessen Währung in ungeschriebenen Existenzberechtigungsscheinen zu bestehen scheint: Wert hat, wer zu leisten imstande ist. Mehrwert hat, wer mehr zu leisten imstande ist. Diesem Denken zufolge hat der Einzelne ein funktionstüchtiges, leistungsstarkes und einkommenorientiertes Individuum zu sein, das – manchmal vor seiner Zeugung, jedenfalls kurz nach seiner Geburt – auf den Weg in die lebenslange Optimierung geschickt wird, auf dass es stets jung, schön und fit seinem Ge- und Verbrauch widerstandsfrei dienen möge, ohne sich von moralischen Skrupeln an der Verknüpfung von Selbstwert und Funktionstüchtigkeit ablenken zu lassen.

Für Optimierungstechniken wie Hirndoping, Gentherapie, Präimplantations- und Pränataldiagnostik mag es legitime Argumente geben. Ihnen gemeinsam aber ist der negierende Geist der Ausmerzung des scheinbar Schädlichen – schwerer Erbkrankheiten oder Risikofaktoren etwa, die zu vermeintlichem Leid führen *könnten,* es aber nicht notwendig immer tun müssen. Auch wenn diese Techniken und Instrumente aus ethischen, rechtlichen oder politischen Gründen nicht, oder noch nicht, oder bisher nur mit Einschränkungen angewendet werden, so gedeiht durch ihr bloßes Vorhandensein und ihren schieren Möglichkeitssinn ein biologistisch verstandenes Menschenbild, welches das Individuum als dynamisch, aus sich herausdrängend, stark und allzeit souverän zu lesen vorgibt. Kehrseite dieser Möglichkeit zur negativen Auslese ist die Durchsetzung gewünschter, also *bestimmter* Merkmale. Das historisch hinreichend diskreditierte Wort »Selektion« im Sinne der Auslese, des Absonderns, des Ausgrenzens begründet ein Muster, das einen *bestimmten* Typus Mensch, eine bestimmte Art zu leben, ein *bestimmtes* Verständnis von Erfolg aufprägt. Das fürs gesellschaftliche Ethos Entscheidende ist die moralische Schieflage, in die zum Beispiel Eltern geraten, wenn sie Medizintechnik *nicht* anwenden. Es erscheint mittlerweile unmoralischer, ein Kind trotz Erbkrankheit oder Prädisposition für Trisomie 21 auszutragen, als es aufgrund seiner potenziellen Schädigung abzutreiben. Daraus entsteht eine Quasi-Norm, die begünstigt, was der Optimierung zuträglich ist, und die ausgrenzt, was das Leben nicht perfektioniert oder steigert. Geschätzt achtundneunzig Prozent aller Befunde der pränatalen Diagnostik auf genetische Abweichungen führen zu Schwangerschaftsabbrüchen. Ist daraus zu schließen, dass die deutsche Gesellschaft Kinder mit Down-Syndrom wirklich überschwenglich willkommen hieße?

Vieles spricht dafür, dass das 21. Jahrhundert eines der Demiurgen wird: Techniker der materialisierten Welt, Lebensbaumeister ohne Transzendenz und Metaphysik, Transhumanisten, die die Natur überlisten. Zweifelsohne sind die handwerklichen Fähigkeiten der Naturwissenschaftler, sind ihre technischen Fertigkeiten beeindruckend, und zweifelsohne gereichen Medizin, Maschinenbau und Computertechnik der großen Mehrheit der Menschen zum Vorteil, mindestens zu größerer Lebensbequemlichkeit.

Das epochale Reproduktionsdesign der Optimierung findet seine Entsprechung im Vermessungsbesteck der Demiurgen: Pipette, Massenspektrometrie, Sequenzer, Amniozentese-Nadel. Perfekt soll jenes Leben sein, das auf die Welt kommt, und wenn es nicht perfekt ist, dann soll es perfektibel sein: bereit zur Perfektion. Das Schicksal, der Zufall der Missbildung, des Imperfekten, des Misslungenen soll von vornherein ausgeschlossen sein. Biopolitik und Reproduktionswissenschaft betreiben in großem Stile Schöpfungshandwerk und reformulieren durch gentherapeutische Stammzelltechnik und den Eingriff in die menschliche Keimbahn die Aufgabenverteilung zwischen Mensch und Natur. Keineswegs unerwähnt bleiben darf an dieser Stelle die Ambivalenz des technischen Fortschritts, denn durch Gentherapie wurden und werden Menschen geheilt, wurde und wird Leid gemindert, wurde und wird Lebensglück verschafft und die Vision genährt, den sogenannten Volkskrankheiten wie Alzheimer, Multiple Sklerose oder Parkinson eines Tages beizukommen.

Wie immer in der Geschichte des Menschen ist die Dialektik des Fortschritts ein zweischneidiges Schwert. Sie rasiert nicht nur das Schicksal und mit ihm die Mythen und Traditionen, sie rasiert auch den Zufall und damit das Schicksal. Nicht mehr der Mensch, sondern die Technik, jene alle Daseinskoordinaten berechnende, seelenlose Schimäre, etabliert sich als geschichtstreibendes Subjekt. Die Demiurgen betreiben mit ihrer technisch brillanten Navigationsgerätschaft ein verführerisches, durchkalkuliertes, aber metaphysikfreies Heilsversprechen auf ein langes, schmerzfreies, leidloses, stets korrigierbares, vielleicht nicht ewiges, aber nahe an die Ewigkeit heranreichendes Leben. In diesem Fall schafft die Technik Heil und Hoffnung und nicht mehr der Gottesglaube.

7

Wie konnte es so weit kommen? Womöglich dadurch, dass der Geist jener Logik der Verdinglichung und Verwertung den Mythos als Lebenslehrer nicht mehr anerkennt? Er souffliert: Was machbar ist, machen wir! Und immer mehr ist machbar, weil *das Mehr an sich* zum *Wert an sich* geworden ist. Die Ressourcen sind unerschöpflich, weil der Mensch unerschöpflich ist. Durch seine permanente Selbstentgrenzung betreibt der Mensch als Manager und Aktionär seiner selbst im Spiel des Lebens permanentes Empowerment. Die gesamte Zurüstung des Individuums zum Objekt ökonomischer Rationalität beschreibt sehr treffend ein Instrument der Arbeitsmarktpolitik: *Ich-AG*.

Das Subjekt der Ich-AG ist eine kompakte Einheit der Selbstermächtigung, verstanden als permanente Performance seiner selbst. Der Zeitgenosse lebt in einer bipolaren Ordnung aus Investition und Rendite. Er wird berechnend, weil er selbst berechnet wird. Er wird taxiert und auf seine Dinghaftigkeit reduziert, also taxiert er wiederum sich und seine Umwelt. Alles, was er tut, steht unter Berechnungsvorbehalt, der postwendend die Rechnung präsentiert: Gewinn und Verlust. Das Leben ist nicht mehr einfach Leben an sich, es ist der Vollzug einer permanenten Gewinn- und Verlust-Kalkulation. Was ist deren Ziel? Die Belohnung. Vielmehr die Entlohnung. Die Gratifikationseinheit der Entlohnung ist in erster Linie das Gehalt, kann aber auch in Privilegien, Aktien, Beteiligungen und Boni bestehen. Kein Mensch würde ja nach Verlust streben, deshalb ist sein Verhalten immer auf den Gewinn ausgerichtet. Die ständige Erwägung, dieses lohne sich und jenes nicht, zwingt zu einem Denken in permanenter Be- und Entlohung. Wenn der Lohn welcher Art auch immer im Zentrum des Denkens und Handelns steht, macht sich der Mensch selbst zum Kapital. Das Subjekt bietet sich an. Es muss sich anbieten, um als gleichberechtigt anerkannt zu werden. Hat sich der Individualist damit selbstbestimmt oder freiwillig einer Fremdbestimmung unterworfen? Beides. Aber nur bedingt, denn problematisch wird es, wenn die Möglichkeit zur Notwendigkeit wird und der Konjunktiv zum Imperativ.

Innovation, Investition und Wachstum sind Vorgänge, die sich linear auf ein Ziel hin ausrichten. Der durch technische Fertigkeit möglichst perfekt zugerüstete Mensch steht in seiner Ganzheit zur Disposition: Er wird zur Investition seiner selbst gezwungen. Er handelt mit sich, wenn er seine Zukunft verhandelt. Und es geht ihm um nichts als Zukunft. Er ist permanenter Kunde auf dem Marktplatz des Lebens und setzt als dessen Akteur im Spiel um Aufstieg (also um Gewinn und Lohn) permanent sich selbst ein. Er tut es scheinbar freiwillig, um Teil des Ganzen zu sein und den Wert des Teils zu steigern. Er setzt sich selbst ein, um das Kapital seiner Brauchbarkeit zu erhöhen. Er selbst ist das Pfund, mit dem er wuchert.

Der Tod aber lohnt sich nicht, und er belohnt nicht. Der Tod ist der totale Verlust. Im Sterben endet die Leistung, die das Subjekt als Objekt der Gesellschaft anzubieten hat. Nichts passt weniger in die Zeit des unternehmerischen Sogs als verebbendes Sterben und versiegender Tod. Zu deren Verdrängung wurde die

Idee der Optimierung perfektioniert. Optimierung ist zur sozialen Norm avanciert, der so gut wie keiner mehr entkommen kann, selbst wenn er wollte. *Norm* versteht sich in diesem Fall nicht als gesetzliches oder göttliches Ge- oder Verbot; *Norm* bündelt die herrschenden, womöglich kaum als solche bewusst wahrgenommenen Alltagspraktiken und thematisiert die Art und Weise, wie das Individuum in seinen Lebenszusammenhängen angesprochen wird.

Die Steigerung der Perfektion über sich hinaus führt zur industriell gefertigten Illusion des Übermenschentums. Dieses Paradigma der Mensch-Maschinen-Gläubigkeit verfügt über keine Metaphysik und hat mit Mythos, Transzendenz und Gottgläubigkeit rein nichts mehr zu tun. Die zeitgemäße Lesart des Prinzips *Corriger la fortune* stellt uns einen Menschen vor, der Schwächen, Scheitern und Schmerzen nicht mehr zu ertragen bereit ist und jede potenzielle Krankheit präventiv zu verhindern trachtet, obwohl die meisten wissen, dass sie mit ihrem Lebenswandel ebendiese Krankheiten riskieren. Es geht ja nicht um eine künstliche Hüfte, sondern um Rationalitäten: Für jeden denkbaren Defekt gibt es eine Pille, für jeden Schmerz eine Spritze, für jede Ungesundheit eine Therapieform. Die Pharmazeuten tüfteln und forschen das Leid hinweg und fordern als Gegenleistung der Leid-Betäubung braven Konsum der leidbetäubenden Medikamente. Wer dennoch erkrankt oder dem Tode nahe kommt, hat vor dem Hintergrund dieser Logik sein schlechtes Schicksal selbst zu verantworten. Das innere Pflichtgefühl zur totalen Diagnose kann bisweilen in Präventionshysterie und totalitäre Prognostik führen, einem gesellschaftlichen Zwang zur körperlichen Vervollkommnung, dem sich der optimierungswütige Mensch unterwirft wie der höheren Wahrheit eines Heiligen. Natürlich wird kein vernunftbegabter Mensch (es sei denn, er ist Sadist oder Zyniker) einem anderen Leid an den Hals wünschen, aber ein Leben ohne Leid, das lehren die alten Kulturen, ist kein guter Lehrmeister des Todes. In jedem Schmerz, in jedem Leid steckt das Negative: Es macht uns aufmerksam, dass Leben zugleich Sterben ist. Der erlittene Schmerz ist die aufblitzende Offenbarung des Todes.

8

Verdinglichungs-, Verwertungs-, Optimierungsglaube, instrumentelle Vernunft und Selbstherrschaftlichkeit treffen sich vorbildlich in der Ästhetischen Chirurgie. Der Begriff »Schönheitsoperation« ist, nebenbei bemerkt, ein merkwürdiger Euphemismus für die Entstellung des scheinbar Nichtschönen. Durch die Ästhetische Chirurgie wird über die Beseitigung des Makels der Körper der jeweiligen Person einem normierten Ideal unterworfen, dessen Legitimation niemand begründen kann. Die Legitimation besteht allein in der Macht, dadurch die Regeln der Lebensführung möglichst vieler zu bestimmen.

Entweder werden dann mit einem Schnitt- oder Saugvorgang die ungewollten Konsequenzen einer gewollten Lebensführung beseitigt, oder es wird begradigt, gehoben, verdickt, was von Natur aus schief, schlaff oder dünn geraten ist. Mit industriell gesteuerten Schönheitsidealen wird Inkompatibles hinwegoperiert und Idealfeindliches eliminiert: Augenlider gehoben, Tränensäcke verkleinert, Falten versteift. Der begradigte Nasenhöcker, das abgesaugte Hüftfett, das Face-Lifting, Kollageninjektionen, verschlankte Schenkel und Autobiorecycling sind bei Frauen wie zunehmend Männern und vor allem bei Teenagern gang und gäbe. Angeblich quälen sich zwei Drittel aller Dreizehn- und Vierzehnjährigen mit einem »Makel«, über den sie nicht sprechen möchten, berichtete schon vor zehn Jahren die *Ärzte Zeitung*. Und die Statistiker teilen mit, dass es nie zuvor so viele Schönheitsoperationen gegeben habe wie heute – selbst die Männer legen sich mit der Lizenz eines neuen Männlichkeitsverständnisses freimütig unters Chirurgenbesteck.

Was vor fünfzehn Jahren in Kreisen traditionell hartleibiger Männlichkeit zu Spott und Häme, mindestens aber Homosexualitätsverdacht geführt hätte, ist mittlerweile Allgemeingut: Der Mann von heute ist nicht mehr verwegen oder elegant, er ist schön im femininen Sinne und gelegentlich unerhört eitel. Er lässt Pedi- wie Maniküre über sich ergehen, isst fettarm, konsumiert Vitaminpillen, Hormone und Koenzyme und geht regelmäßig ins Fitnessstudio. Jede fünfte Schönheitsoperation wird heute an einem Mann vorgenommen – eine Verdoppelung innerhalb von zehn Jahren, weil beruflicher Erfolg, zumal von Managern, in immer mehr Branchen vom jugendlichen, vom angeblich schönen Aussehen abhängt.

Äußerlichkeit ist in dem Maß zum Wert an sich avanciert, wie die Performance des Einzelnen über ihre erotische Qualität hinaus zur Teilnahmeberechtigung am unerbittlichen Wettstreit aller gegen alle wurde. Performen ist das Gebot der Stunde, und mit etwas sophistischem Spürsinn lässt sich im Wort »performen« nicht nur die Bedeutung »darstellen« finden, sondern auch »durchformen«. Wären sie deutlich preisgünstiger und würden von den Krankenkassen bezahlt, heißt es, zählten Schönheitsoperationen bald zu den häufigsten medizinischen Eingriffen überhaupt.

In der Ästhetischen Chirurgie finden alle geschilderten Modi des zur ständigen Performance gedrängten Menschen zu einem Prinzip zusammen: die Täuschung. Denn täuscht nicht alles, wird heute das meiste über Täuschung abgerechnet. Zwischen Fiktion und Wirklichkeit zu unterscheiden ist eine große Kunst geworden, die man noch nicht oder nicht mehr zu beherrschen scheint. Maßgeschneiderte Form und polierte Oberfläche besitzen enormes Verführungspotenzial: Erstens ist Verführung durch Politur machbar, zweitens ist sie sichtbar, drittens planbar. Woher stammt das Ideal? Es ist ein Konzept, eine Fiktion des perfekten Menschen. In der Fiktion lassen sich pluralistische Selbstvorstellungen vereinheitlichen. Das Epos der Gegenwartskultur erzählt die Geschichte vom Menschen als Herrn über Schicksal und Zufall. Es stellt nicht nur diese Erzählung des optimierten Menschen zur Verfügung, sondern es erzählt uns auch gleich, wie der Mensch zu sein hat.

Fortschritt wird rein technologisch begriffen, nicht mehr sozial; Technik- und Sachwissen sind weitaus höher veranschlagt als Herzens- und Charakterbildung. Ein Klick, ein Knopfdruck, und Glück ist ohne große Anstrengung herstellbar. Das Recht auf Menschenwürde wird zum Recht auf irdisches Glück.

Worin besteht dieses Glück? Womöglich in der Wahl glücksfördernder und in der Auslese glücksverhindernder Faktoren und jener Bedingungen, die den »Fortschritt« behindern. Was dem Ideal der Brauchbarkeit also nicht entspricht, wird selektiert oder geächtet. Der erschöpfte Mensch wird pharmakologisch optimiert, der Zufall eliminiert, Kontingenz ausgeschaltet, Krankheit und Leid aus dem Bewusstsein gespritzt. In gewisser Weise ist das *Ideal* die Währung einer Ideologie des perfekten Lebens. Alles Unbestimmte, Offene, Widerfahrende, das Enigmatische, Numinose, Magische, die Unfertigkeit und Fehlerhaftigkeit, das Scheitern, Versagen, Brechen, der gesamte Bereich des Zufälligen und Zufallenden, Prozesshaften und Unsteuerbaren bildet die Antithese zum *Ideal*. Wer auf Teufel komm raus optimieren will, will sich somit von der eigenen Vergänglichkeit freisprechen. Diese Obsession eines um seiner selbst willen gesteigerten Lebens im Strom des unbestechlichen Vergehens wäre ein Hinweis auf ein grundsätzlich mangelhaftes, selbstschädigendes Leben. Der Zeitgenosse, scheint es, ist ohnehin verführungsunfähig, weil er funktionsgetrimmt ist. Im Kampf um soziale Anerkennung ist es unabdingbar, mit dem *Ideal* der perfekten Performance und Politur in bester Brüderschaft zu sein. »In Wahrheit ist nur der tot«, hat Jean Baudrillard bemerkt, »der nicht mehr im Geringsten verführen kann, noch verführt werden will.« Paradox ist, dass die Kunst zur Verführung durch die Verführung der Äußerlichkeit regelrecht verkümmert ist.

Über Motivationen von Menschen, die sich der Optimierung in Schönheitskliniken unterziehen, soll hier nicht geurteilt werden. Spannender ist ohnehin die Überlegung, in welchem Ausmaß das Mandat zur Optimierung und Retusche allgemeinverbindlich ein Bild des Menschen aufbaut, das die Illusion ewig verlängerbarer Jugend insinuiert. Ein Bild, welches unterstellt, dass das Sterben – und nichts anderes ist der ästhetische Verfall zum vollkommen Unperfekten – mit einem ärztlichen Eingriff korrigiert werden kann. Insofern steht das Ideal vom Menschen über dem Tatbestand Mensch. Der Mensch ist und bleibt, mit Arnold Gehlen zu sprechen, ein Mängelwesen. Aber er ist heute eines, das sich mit den Mängeln nicht abfinden will. Das Versprechen auf ein möglichst langes, gesundes, schmerzfreies Leben führt zum erhöhten Aufwand an Energie und Anpassung.

Die nicht enden wollende Verbesserung, die Allgegenwart von Doping, die gnadenlose Schöpfungssteigerung aber bewirken Erschöpfung, denn das Ideal der Optimierung und Funktionalität hat die Verletzlichkeit des Menschen aus dem Gedächtnis getilgt. Das Ideal der permanenten Fitness fordert unentwegt Stabilität, Glanz und Attraktivität in einem Leben, das sich, um ein solches Leben zu bleiben, reproduzieren und regenerieren muss. Dafür braucht es etwas, das es nicht mehr hat: Zeit.

9

Optimierung bedeutet so gut wie immer Zeitverdichtung. Es geht darum, in kürzeren Zeiteinheiten das gleich- oder sogar höherwertige Resultat zu erzielen, damit sich die Spanne zwischen Einsatz und Rückgabe, Investition und Rendite auf jeden Fall vergrößert. Mehr Zeit heißt mehr Erlebnis. Oder anders: Mehr Zeit heißt mehr Können. Mehr Können verspricht mehr Belohnung. Mehr Belohnung generiert mehr Lohn. Wenn Zeiteinheiten bei gleichbleibender oder sogar steigernder Leistung reduziert werden, ist doppelt gewonnen.

Weil »Zeit« eine künstliche Einheit zur Kontrolle und Berechenbarkeit des Unkontrollierbaren und Unberechenbaren ist, hat sich der planende Mensch schon immer an ihr vergriffen. Durch die digitale Neuorganisation der spätmodernen Lebenswelt sind seit geraumer Zeit Parameter eingezogen, die Zeit verdichten oder ganz aufheben. Die Fähigkeit zur Beschleunigung ist eines der überlebenswichtigen Kriterien am Markt, für die auftraggebenden Unternehmen zählt jede Minute. Im System der totalen Gegenwart gibt es nur eine Möglichkeit, den Konkurrenten auszuschalten: Geschwindigkeit. Wer über Zeit herrscht, herrscht über Geld – und umgekehrt. Der Glutkern des globalisierten Kapitalismus ist folglich die Aufhebung der Zeit mit der Frage: Wie viel Kosten erbringen wie viel Nutzen?

In keinem Wort drückt sich die Verschwisterung von Ökonomie und Zeit, von Religion und Wirtschaft zur Maxime der Nützlichkeit deutlicher aus als im

Kredit. Im Kredit wohnt der Glaube an die Zukunft. Das Betriebssystem dieses Glaubens ist Zeit. Der Glaube an die Rückgabe des gewährten Kredits knüpft sich an die Vorstellung einer bestimmten Dauer. Die Dauer wird mit Wert belegt, weshalb der Zins die Währung der Zeit ist.

Mitte der 1980er Jahre, als die postindustriellen Gesellschaften des westlichen Kulturkreises übereingekommen sind, Fortschritt als Fortschreiten in immer kürzeren Einheiten zu begreifen, begann das Regime der Zeitverdichtung. Raffinierte Rationalität beschleunigte Prozesse, verkürzte Abläufe, sparte Zeiteinheiten ein, die dann sofort wieder am Markt verhandelt werden konnten. Heute lebt der Mensch der westlichen Industriegesellschaft doppelt so schnell wie der Mensch vor zweihundert Jahren – und wird doppelt so alt. Der Preis für das schnelle und zeitarme Leben ist immens, denn der Mensch soll kalkuliert, rational und effizient, zugleich aber charismatisch, begeisterungsfähig, überschreitend sein, weil Innovation Kreativität voraussetzt und Kreativität diesen Widerspruch benötigt. Die Unauflösbarkeit, vielmehr: Uneinlösbarkeit der widerstreitenden Anforderungen führt dazu, ständig in Bewegung bleiben zu müssen, aber auch ständig mit einem Gefühl des Ungenügens zu tun zu haben. Zeit zu Regeneration, Reflexion und Reaktion steht nicht zur Verfügung. Durch die permanent gestellten Ansprüche an permanente Leistung entsteht permanente Beschleunigung in permanenter Zeitnot. Wer als langsam geboren wurde, zählt wenig und gilt kaum, wer dem Tempo nicht folgen kann, fällt zurück und womöglich hinab. Man hat den Eindruck, jedes Leben, jede Biographie müsse als Kampf um die eigene

Daseinsberechtigung verstanden sein, demzufolge der wertvollste Mensch der am besten angepasste wäre. Aber angepasst woran? An fraglos plausible Rationalitäten, die fraglos plausibel deshalb wirken, weil sie als fraglos plausibel gelten und deshalb nicht mehr hinterfragt werden?

Die Zahl der Burn-outs stieg und steigt stetig, Panikattacken nehmen zu, Angst im Verbund mit Depression gehört mittlerweile zur vierthäufigsten Todesursache in westlichen Industriestaaten und wird im Jahr 2020 nach den Herz-Kreislauf-Erkrankungen zur zweithäufigsten aufsteigen. Der Herzinfarkt ist oft ein Zeitinfarkt. Je beschleunigter das Tempo, desto mehr Verkehrsunfälle, je mehr Stress, desto schwächer das Immunsystem und größer die Zahl der Krankheiten und Allergien. Dazu kommt der soziale Jetlag des Alltags, wenn Naturzeit und Uhrzeit, biologische Innenzeit und soziale Außenzeit, immer mehr auseinanderfallen. Die Folgen sind bekannt: chronischer Schlafmangel, geschwächtes Immunsystem und Anfälligkeit für Krankheiten. Die spätmoderne Wirtschaftsgesamtgemeinschaft ist auch eine Ansammlung von Sozialphobikern und Angstpatienten mit prototypischem Karriereverlauf: Druckzuwachs, Überlastung, Selbstüberschätzung, Stresspegel-Überschreitung, Angst vor Menschen, Angst vor Massen, Angst in Zügen, U-Bahnen, Flugzeugen, Todesangst, soziale Isolation. Schließlich: Angst vor der Angst. Die Praxen der Therapeuten sind bestens besucht, Krisenberatung boomt, und ohne Coach, dem mittlerweile unverzichtbaren Begleiter der Volksseele, geht heute, in der dauererregten Leistungsgesellschaft, immer weniger. Da bleibt dem Zeitgenossen keine Zeit zur Transzendenz, denn Transzendenz würde ihn geistig aus der Gegenwart herausschälen. Die totale Gegenwart aber, in der er lebt, bannt ihn mit dem Versprechen auf materielle Entlohnung und knechtet ihn durch ihr unentwegt schreiendes Bedürfnis nach Aufmerksamkeit.

Hier schließt sich der Kreis vom Leben als Fortschritt zum Tod: Die Abschaffung der Zeit durch ihre digitale Verdichtung entspricht der Abschaffung des Schicksals durch Optimierung. Die scheinbar fraglos plausible Rationalität eines optimierten Lebens – und an dieser Stelle kommen wir dem Kulturwandel von Sterben und Tod in unseren Tagen präzise auf die Spur – führt zu einem Begriff, der das gesamte Verhängnis des zeitgenössischen Individuums in seiner vermeintlichen Selbstherrschaftlichkeit in sich fasst: Exzess.

10

Die großen Halbbekannten der Gleichung vom Tod in der späten Moderne heißen Zeit und Exzess. Der Exzess ist eine Steigerung, die keinen höheren Sinn außer sich selbst besitzt. Exzess ist Selbststeigerung durch Leidenschaft, und Leidenschaft läuft stets Gefahr zu leiden, und nichts passt dem heutigen Individuum weniger in den Kram, als Leid, welcher Art auch immer, ohnmächtig gegenüberzustehen.

Der Exzess erlebt eine merkwürdige Dialektik: Zum einen tun wir alles, um dem Exzess der Selbststeigerung nachzukommen; zum anderen tun wir ebenso alles, um den Exzess des Lebens zu vermeiden und den Tod beherrschbar zu machen. Der Domestizierung des Exzesses steht der gewollte Exzess der Entgrenzung entgegen: Marathon, Triathlon, Klippensprung. Das *Todes-Paradoxon* der Gegenwart besteht also darin, dass wir im Namen der Sicherheit das Risiko aus dem Leben hinausorganisieren und es dennoch ständig suchen, so subtil wie gierig.

Das Risiko, in den Tod zu laufen, ist ein leibliches; das Risiko, auf dem Markt zu sterben, ein virtuelles. Zwischen Tod und Markt herrschen zwei Risiko-Verständnisse. Risiko ist nicht mehr gleich Risiko, aber ständig sind wir mit dem Exzess des Riskanten konfrontiert: in der Gier des Investors an den Börsen, in der Pornographisierung des Erotischen, in der Überformung des Lebens als Spiel aus Gewalt, Totschlag, Mord und Verbrechen im Krimi, ohne sich den Tod als leibhaftig-existenzielle Kategorie jemals zu vergegenwärtigen.

Der Tod ist freilich deshalb aus dem Einzugsbereich unserer Phantasie gewichen, weil wir uns keine Rituale und Zeremonien um ihn mehr gestatten. Rituale wären narrative Selbstversicherungen, die sich als poetische Erinnerung ins Bewusstsein einlagern. Aber wir wollen nicht, dass uns der Tod etwas über unser Leben erzählt, und zugleich sind wir auf das härteste konfrontiert mit der unausgesetzten Anwesenheit des verdrängten Todes. Nichts ergreift uns mehr als der authentische Film über einen Tod; weit steht uns der Mund offen, wenn wir auf Onlineportalen die Eilmeldung vom Tod eines Politikers, Schauspielers oder einer Person des Zeitgeschehens lesen. Für einen Moment macht uns der Skandal dieses Todes betroffen, lässt uns die Fassungslosigkeit verstummen, ist das eigene Schweigen eine frömmlerische Form zeitgemäßer Pietät. Man kennt den Andachtsreflex als Fingerzeig des Schicksals auf der Straße: Als Zaungast eines tödlichen Unfalls fährt man die folgende Viertel- oder halbe Stunde gewöhnlich mit stark verminderter Geschwindigkeit, ehe das einem unbekannte Unfallopfer aus dem Sinn verschwindet und auf hundertachtzig beschleunigt wird, als wäre man dem Schicksal entronnen, als wäre man unverwundbar, mehr noch: Die Flucht mit hundertachtzig Stundenkilometern vom Ort des Unfalls könnte ein Akt des wiedergewonnenen Urvertrauens in die Illusion der eigenen Unsterblichkeit sein.

Nun ist die entkörperlichte, auf rationale Wissenskomplexe sich verlassende Lebenskultur der Gegenwart in ihrem Kern eine Todeskultur. Der Tod – besessen verdrängt bei fast hysterischer Erregung hinsichtlich jeder Fremdberührung des eigenen Körpers – setzt den geistigen Bezugsrahmen des spätmodernen Lebens. Der Gegenwartsmensch ist eingezwängt ins Spannungsverhältnis von Tod und Todesvermeidung. Schlecht widerlegbar ist die Erkenntnis, dass die Massenmedien heutzutage die Aufgabe übernommen haben, die Metaphern des fiktiven wie realen Todes durch den öffentlichen Raum zu schleudern. Das Leitmedium Fernsehen produziert zum Zwecke des Quotenzuwachses in unfassbarer Weise eine als filmisches Spiel bemäntelte Todesverherrlichung. Im öffentlich-rechtlichen wie privatwirtschaftlichen Fernsehen wird ab achtzehn Uhr gemordet, getötet und gestorben, was das Zeug hält. Gefolterte, geschändete Frauen, aufgehängte, durchbohrte Leiber, explodierende Gebäude, gezückte Pistolen, verunglückte Autos. Frauen, die Rache nehmen. Männer, die foltern. Kinder, die sterben. Wöchentlich mindestens fünfzig gebührengestützte Krimis, wöchentlich fünfzig Morde, fünfzig ermittelnde Kommissare, fünfzig geistlose Verhöre, fünfzigmal kriminalistische Redundanz, fünfzigmal Tod. Morden im Norden, heiter bis tödlich; Tatorttode am heiligen Sonntag; täglich SOKO aus fast jeder Großstadt; Tod in Istanbul, Tod in irgendwo, immer Sterben und Tod. Zwischen Krimi und Mord-Thriller: Trailer und Programmhinweise auf Sterben und Tod, Schlaglichter der Verwüstung, Blendgranaten des Vergiftens, Hinrichtens, Erschießens mit raunender Stimme aus dem Off.

Wenn der Satz stimmt, dass die Realität der Welt sich medial vermittelt, dann ist der Tod auch in seiner nichtfiktiven Variante totalpräsent. Die täglichen Nachrichten sind tägliche Todesanzeigen, eine Art Dienstleistung in Sachen Todesvermittlung. Die fernsten Todesdramen bei Erdbeben, Fluten oder Amokläufen werden als objektive Realität in deutsche Wohnzimmer gepresst, gern in handelsüblicher Überdosierung: Tote nach Naturkatastrophen; Tote nach Bränden; Tote nach Unfällen; Tote nach Abstürzen; Tote nach Anschlägen; Tote nach Amokläufen. Zweifelsohne: Auf der Welt wird täglich gestorben, getötet und gemordet, in einander unvereinbaren kulturellen Kontexten und mit je eigenen religiösen Überzeugungen, und vielleicht ist der Mensch an sich böse und das Leben eine Qual, was an anderer Stelle zu entscheiden ist. Und vielleicht ist es die Pflicht massenmedialer Aufklärungsinstanzen, das mannigfaltige Sterben der Welt immer dort anzuzeigen, wo es stattfindet, denn im Tod sind sich alle Mitglieder der Gattung gleich, der Tod wirft jeden Menschen zurück auf seine Kümmerlichkeit.

Man könnte Hunderte Nachrichtensendungen zitieren und in Hunderten Nachrichtensendungen aller Arten Beispiele für die generalstabsmäßige Todessehnsucht des Journalismus finden; wo immer der Tod auftritt, wird er vermeldet. Dass der Tod, das Böse und die Vernichtung im Gespräch gehalten werden, ist letztlich ökonomischer Rationalität geschuldet – nichts lässt sich im Wettbewerb um Auflagen, Quoten, Renditen (und also Arbeitsplatzsicherung) besser stimulieren und ausschlachten als kollektive Ängste und Unsicherheiten des Bürgers vor dem Sterben an sich. Deshalb muss der Tod ohne Unterlass stimulier-, perpetuier- und allzeit abrufbar sein: als Unfall, Mord und Kriminaldelikt. Das sind die Algorithmen der Massenbeglückung durch Tragik und Drama mit dem Ziel der Zuschauer- und Leserbindung. Seht, immer naht das Ende! Und immer naht der Tod! Und dann frisst Angst die Seele auf, weil man dereinst selbst zu sterben hat …

Durch die Inflationierung des Sterbens und die Inflation des Todes wird beides, Sterben wie Tod, entdämonisiert. Die televisionäre Entdämonisierung der Katastrophe kommt einer Banalisierung des Todes gleich. Die Bilder des Tötens, Sterbens und Verreckens – mal filmisch-fiktional, mal nachrichtlich-real – schreiben dem Drehbuch des alltäglichen Lebens das Sterben als Dauerzustand ein. Mehr noch: Durch die Massierung des medial vermittelten Todes findet neben der Entdämonisierung auch dessen Entwertung statt: Je öfter auf dem Bildschirm gemordet und getötet wird, desto eher ist man bereit, Sterben und Tod in manischer Ungerührtheit als Unterhaltungsprodukt und nicht als existenziellen Exzess zu verstehen. Die Telepräsenz des Todes leistet seiner Fiktionalisierung Vorschub. Sie enthebt den Zuschauer der Notwendigkeit, sich den eigenen Tod zu vergegenwärtigen.

Aber die Herauslösung aus dem real existenten Leben, könnte man einwenden, ist doch die vornehmste Aufgabe von Unterhaltungsmedien, die ihre Legitimation durch die Möglichkeit zur geistigen Flucht und Abspaltung bis hin zum Eskapismus generieren. Über die psychologischen Effekte des Fernsehkonsums ließe sich trefflich räsonieren; an dieser Stelle nur das: Medienkultur ist Todeskultur zu Unterhaltungszwecken. Nur das Verbrechen scheint den Zeitgenossen in seiner ganzen Apathie und Müdigkeit, in seiner Abgeklärt- und Abgekämpftheit noch ansprechen zu können. Warum? Weil die Lust am Mord subkutanem Sadismus entspricht? Weil nur der Tod anderer noch Empathie hervorruft? Oder weil der vereinsamte Einzelne trotz aller Geselligkeit den Tod verdrängt hat und er sich bei seinem Aufscheinen an sein kommendes Schicksal erinnern könnte?

11

Die kulturelle Evolution der vergangenen Jahrhunderte hat das Individuum zum Individualisten gemacht und zu einem Regime der Selbstherrschaftlichkeit geführt. Verwertende Wirtschaft und Dienstleistungsindustrie kaprizieren sich jetzt vornehmlich auf den Individualisten, ihre Angebote und Programme sind direkt auf den jeweils Einzelnen als Person zugeschnitten. In diesem Geschäftsmodell wird die Effizienz der Massenproduktion durch die Effizienz der Personalisierung abgelöst: Aus Individualisierung wird nun Personalisierung. Es geht um einen neuen Adressaten: nicht mehr nur um das Individuum an sich, konkret unbestimmt, aber formal definiert, nicht mehr nur um das Individuum als theoretische Einheit, sondern um das Ich und Du der jeweils konkreten Person. Das *Du* ist das Zentrum eines Glücksversprechens, welches dem Einzelnen durch persönliche Ansprache einzigartig macht. Du sollst das Gefühl haben, dass sich die ganze Welt um dich dreht. Die Person ist nicht nur Kunde, sie ist heute in der Tat der (oft verratene) König.

Personalisierung findet in allen Bereichen statt. Personalisierte Medizin entwirft jenseits der objektiven Diagnose ein maßgeschneidertes Therapiekonzept für die individuelle molekularbiologische, sprich genetische Matrix des jeweiligen Patienten. Eine Speichelprobe im Röhrchen reicht aus, um über die DNA-Sequenzen ein passgenaues Design zu entwerfen. Personalisierte Gentests, online »direct to consumer« erworben, klären jeden Einzelnen über seine Prädispositionen und die Wahrscheinlichkeit schwerer und tödlicher Krankheiten auf und können für eine Summe zwischen hundert und tausend Dollar bestellt werden. Programmierte Codes entwerfen ganze, auf die jeweilige Person zugeschnittene Lebenswelten. Über das Programm *Genius* ermöglicht personalisierter Kulturkonsum speziell auf den einzelnen Apple-Kunden zugeschnittene Musik- und Film-Angebote. Die Mediatheken der öffentlich-rechtlichen Sender ermöglichen dem Einzelnen, sich das Programm nach seinem Gusto zusammenzustellen. Dienstleister bieten an, dass jeder Kunde die Güter, die er in seinem Leben haben möchte, selbst entwerfen kann: Vasen, T-Shirts, Snowboards. Der Einzelne wird zum Designer auf ihn persönlich zugeschnittener Produkte, er konfiguriert die Ästhetik seines Ich-Konzepts, er entwirft die ihm entsprechende individualisierte Mode und wird zum Herrn seiner Bedürfnisse. Weiter wurde die Individualisierung bisher weder getrieben noch gefasst. Die Fremdverfügung, scheint es, hat ausgedient. Nein, nicht ganz: Das Ausbleiben der Vorgabe ist selbst Vorgabe, weil sie die Inhalte, Foren und Formate mit dem Versprechen andient, es gehe um die freie Wahl des Nutzers.

Vor diesem sozioökonomischen und soziokulturellen Hintergrund nun spielen sich auch die letzten Dinge auf einer neuen Ebene ab. Sterben, Tod und Trauer werden personalisiert. Der eigene Tod wird zum Unikat und das Sterben zu einer Kunst, die Errungenschaften der Individualisierung auf das Außerindividuelle anzuwenden: die Ausweitung der Selbstbestimmung auf den heiligen Bereich der Gottesverfügung.

12

Oft wird behauptet und noch öfter darauf hingewiesen, dass die bundesdeutsche Zivilisation christlich fundiert und begründet sei. Anders als im Judentum ist im christlichen Verständnis der Tod des gottgesandten Jesus nicht die alles widerlegende Katastrophe, im Gegenteil, in der christlichen Theologie ist Jesu Tod geradezu und folgerichtig Bestandteil des neuen Weges. Er, dieser Weg, führt durch den Kreuzestod zu Auferstehung, Himmelfahrt und Erhöhung. In der Deutung des Todes übersetzt sich das Judentum ins Christentum. Die Geschichte von Jesus, heißt die Lehre des höchst einflussreichen Paulus, endet nicht am Kreuz.

Die größte Zivilisationsleistung des Christentums mag die Behauptung sein, der Tod Gottes als menschgewordener Gottessohn ergebe Sinn. Das Christentum ist seinem Wesen und seinem Selbstverständnis nach eine Religion des Todes, weil sein philosophischer Kern der Kreuzestod Jesu Christi ist. Sein ureigenes Symbol ist das Kreuz. Es erinnert jeden an die christliche Prägung unserer Kultur und Zivilisation, und der Tod bestimmt den geistigen Rahmen der Christologie. Ohne den Tod lassen sich weder Transzendenz noch Jenseits denken; christlich-hermeneutisch gedacht ergibt Gott nur im Tod seines erklärten Sohnes Sinn.

Das Leben nach dem Tod ist wie das Leben vor dem Tod stets auf den Tod bezogen. Bekanntlich ist der Tod das vollzogene Ende jeder Zukunft und die Aufhebung jeder Gegenwart – für gottgläubige Christen im Jenseits, für Atheisten im Nichts. Dass der Gottessohn stellvertretend für die Sünden des Menschen gestorben ist, impft ihm, dem Menschen, auf ewig die Schuld am Tod seines Schöpfers ein. Das Kreuz ist also auch das Symbol der Schuld, und durch das Kreuz regiert der Tod das Leben.

Das christliche Menschenbild geht notwendig von der Gottesverfügung des Menschen aus, das Menschenbild der Gegenwart hingegen von dessen Selbstverfügung. Das christliche Menschenbild geht von der Gottesebenbildlichkeit des Menschen aus, das gegenwärtige von der Selbstbildlichkeit. Heißt das nun, der Zeitgenosse sei entchristlicht? Oder heißt es, der Mensch setze sich in grotesker Anmaßung mit Gott gleich?

Sagen wir es so: Es gibt Tendenzen zur Selbstvergöttlichung des Menschen, die einerseits in der oben skizzierten Dominanz der instrumentellen Vernunft, in einer heimlichen Unterwanderung religiöser Weltanschauungen durch die Naturwissenschaften und in den technischen Fähigkeiten der Spezies Mensch im Gewand der totalökonomischen Realität begründet sind. Andererseits ist die Selbstermächtigung des Individuums das Resultat eines historischen Emanzipationsprozesses, in dessen Verlauf der westlich-aufgeklärte Mensch jeglicher Fremdbestimmung durch Gott, Götter, Mythen oder die Metaphysik zu misstrauen gelernt hat. An der Feststellung einer vom Christentum emanzipierten oder gar von christlichem Identitätsbestand weitgehend entkernten Gesellschaft kommt man also nicht vorbei, wobei es in erster Linie um das praktizierte Bekenntnis, weniger um Spiritualität geht, da sich, wie empirisch vielfach belegt, Kirchenschiffe leeren und Kirchenaustritte häufen; da, wie oft berichtet wird, von priesterlicher Seelsorge nicht mehr viel zu hören ist oder der kürzlich zurückgetretene Papst Benedikt die Kirche auf lebensferne »Entweltlichung« programmierte.

Man leistet sich heute eine herrliche Ambivalenz. An die Dogmen der katholischen Kirche, festgelegt durch Konzilien bis zurück ins vierte Jahrhundert, glaubt so gut wie niemand mehr. Und wenn doch mehr Menschen als vermutet daran glauben, dann zumindest immer weniger als früher. Unbefleckte Empfängnis? Wundertaten? Wiederauferstehung? Jesus als Retter und Erlöser in der Eurokrise? Für manche mag das eine Hoffnung sein, für die große Zahl der Zeitgenossen ist es das nicht und nicht mehr. Geformt wird die gegenwärtige Welt durch Geld und Technik, nicht durch einen trinitarischen Gott. Der Zeitgenosse hat andere Probleme und ist auf andere Problemlösungsstrategien angewiesen. Wenn im Folgenden also von Entchristlichung die Rede ist, ist somit keineswegs eine Entspiritualisierung gemeint, denn zweifelsohne ist die Sehnsucht nach Jenseits-Gewissheiten überall gewachsen. Trotz Rationalisierung, Urbanisierung und höherem Bildungsstand in den vergangenen Jahrzehnten haben alle Weltreligionen – und die christliche vor allem in Afrika und Lateinamerika – ihre Vitalität zu steigern vermocht.

Eine Entchristlichung der Gesellschaft lässt sich vor allem dann nicht leugnen, wenn man unter Entchristlichung vor allem Entkirchlichung versteht. Das Versprechen des für alle Gläubigen erreichbaren Paradieses ist entfallen, der Himmel ist zu, und das Dogma der Erbsünde, wonach im Diesseits zu leiden sei, um zu einer höheren Form der Existenz aufzusteigen – verlockt in einer durchsäkularisierten Gesellschaft nicht mehr. Das persönliche Wohlergehen, die Definition eines gelingenden Lebens, so scheint es trotz aller Diesseitigkeit, kommt ohne Glauben nicht aus. Man muss nicht an Gott glauben, um zu glauben. Man muss nicht Katholik sein, um anzubeten. Man muss sich nicht zum Protestantismus bekennen, um seinen Nächsten zu lieben. Wer aber glaubt, der Mensch komme ohne Glauben aus, der glaubt somit erstens selbst und macht zweitens die Rechnung ohne die Spezies Mensch. Die heißt: Der Mensch glaubt, weil er gar nicht anders kann als glauben. Der Mensch ist von Natur aus religiös, und auch der Atheist ist ein *homo naturaliter religiosus*. Religion hat sich mittlerweile ins Religiöse verflüchtigt, wo jeder über letzte Bedeutungen selbst verfügen kann, ohne mit den herkömmlichen Institutionen des Kirchlichen in Konflikt zu geraten. Das Religiöse umfasst charakteristische Glaubensinhalte, zu denen vor allem die subjektive Beziehung des Individuums zu etwas Überweltlichem gehört. Während Religion eine institutionalisierte Form religiösen Verhaltens ist, ist Religiosität die individuelle Form gefühlter Erfahrung. Religiosität hat immer mit der Erfahrung veränderter Bewusstseinszustände zu tun.

Freilich, christlicher Glaube unterliegt soziographischen Eigenarten und ist in München anders verfasst als in Hamburg. In den Tiefen des Bayerischen Waldes glaubt man anders als in protestantischen Metropolen. Auf dem Land hat das Wort des Pfarrers erhebliches Gewicht, in der Großstadt empfindet man die Sprache Galiläas als lebensfern. Das christliche Menschenbild erfährt unterschiedliche Versionen, Radikalisierungen und Retuschen. Freilich balanciert diese Feststellung auf dem Grat der Binsenweisheit, für das zeitgemäße Bild des Menschen jedoch, um das es hier geht, ist sie von entscheidender Bedeutung.

Und doch haben die meisten Entkirchlichten und Entchristlichten Gott als oberste Instanz noch nicht eliminiert – es ist dieses »Vielleicht« einer spirituellen Himmelwärtsgerichtetheit, der wunde Punkt im Regime der Selbstherrschaftlichkeit, weil man sich womöglich seinen Anfang, nicht aber sein Ende erklären kann. Warum muss etwas, das ist, sterben? Warum sollte etwas, das ist, irgendwann nicht mehr sein? Trägt da jemand oder etwas Sorge für uns, weil wir, wären wir unsterblich, gar nicht mehr leben könnten? Ist das Leben womöglich nur im Angesicht seines Endes erträglich?

Bei aller Redlichkeit lässt sich feststellen, dass die Diesseitsbejahung der totalen Gegenwart den Glauben an die Diesseitsverneinung abgelöst hat. Wir haben es heute mit einer Ethik ohne Gott zu tun. Man könnte es kantianisch sagen: Das transzendentale Ich hat die Transzendenz Gottes ersetzt. Das heißt eben auch: Der Mensch verlegt das Sterben und den Tod in sich.

13

Alle eingangs geschilderten Kategorien der zeitgenössischen Lebenswelt – die Imperative der Optimierung, Perfektion, des Wachstums, Könnens, Steigerns, der Verdinglichung, Verwertung und Ökonomisierung des Humanen – funktionieren nur bei gleichzeitiger Ausblendung und Verdrängung ihres Gegenteils. Sterben und Tod sind das Negativ von Leistungsethos, Zeitverdichtung und Schicksalskorrektur. Und nicht einmal das allein: Durch das Leben im permanenten Exzess des Positiven hat der Zeitgenosse das Bewusstsein für die Negation verloren. Er hat verlernt, dass zum vollständig belichteten Menschenbild beide Seiten gehören. Er hat die Zeit verlernt. Er hat verlernt, was Zeit ist, wie Zeit sich anfühlt. Er hat sich die Zeit nehmen lassen. Er hat seine Zeit aus den Augen verloren, die eigene Zeit, den individuellen Rhythmus, den Pulsschlag seiner Persönlichkeit. Nach allem, was wir wissen, ist der Mensch noch keine Maschine. Optimierbar ist er nur bis zu einem gewissen Grad, die Erschöpfung setzt schneller ein, als die Logik es zulässt. Die Übervorteilung der Natur ist kontraproduktiv. Der inneren Aushöhlung durch die Unfähigkeit zum Ausgleich zwischen Exzess und Negation folgt irgendwann (und vielleicht schneller als geahnt) der Verfall des Körpers.

Um dem *Ideal* Folge leisten zu können, muss das Anti-Ideal, das Negative, die Zumutung, ignoriert oder bekämpft, muss es mit aller Kraft verdrängt und verleugnet werden. Dieses Anti-Ideal zu jeder Steigerung, zu jeder Optimierung, zur exzessiven Selbstermächtigung ist der Tod. Der Tod ist der definitive Stillstand. Im Tod ist alles Können aufgehoben. Der Tod ist der Exzess des Nichts. Wer tot ist, kann nichts mehr. Er kann weder können noch wollen. Der Tod beendet alles Könnenwollen, alles Streben, alles Aus-sich-Hinausdrängen der Selbststeigerung.

Die Selbstherrschaft des Menschen endet dort, wo der Mensch durch die Fremdherrschaft des Sterbenmüssens ohnmächtig wird. Der Skandal der eigenen Sterblichkeit besteht schließlich darin, dass man das Wichtigste im Leben eben nicht kann: den Tod *tatsächlich* überlisten. Der Tod ist die fundamentalste Form der Fremdbestimmung. Er markiert das Ende aller Freiheit. Er hat nichts zu einem produktiven, schöpferischen Leben beizutragen. Er ist das Antileben, die Antischöpfung. Er gibt nicht. Er nimmt. Er zerstört. Er ist die Zumutung schlechthin.

Introspektion 2

Ich habe nie an den Satz geglaubt, das Leben verlaufe schneller, je älter man werde. Ich hielt dieses Lamento für eine depressive Verstimmung unglücklich alternder Menschen. Lange Jahre habe ich im Glauben an Linearität und Pathos einer stets kommenden Zukunft gelebt: Die Tage schwanden nicht, sie akkumulierten zu einer großen unendlichen Herrlichkeit. Stets fühlte ich mich als Herr meines Lebens und kann bis heute von Glück sagen, keine schwere Krankheit gehabt zu haben, keine Einschränkung meines Lebens, keine Begrenzung meiner Selbstentfaltung. Das mag ein Privileg sein, kaum zur Verallgemeinerung geeignet, gewiss, und womöglich ist es auch jugendlicher Naivität geschuldet. Doch weder als Privileg noch als Ausdruck von Naivität habe ich meine Funktionalität gesehen, die ich immer als selbstverständlich angenommen habe, als unerschöpflich, stets verfügbar. Ich neige nicht dazu, das Leben als Geschenk zu betrachten, schon gar nicht als das Geschenk eines oder des *einen Gottes,* das ist mir persönlich zu theologisch gedacht. Warum sollte ich ein Geschenk für mich sein, da ich doch gegen meinen Willen gezeugt und ins Leben geworfen wurde, ein Leben, mit dem ich mich zeit seines Dauerns zu arrangieren habe, ohne dass mich jemand außer mir selbst erlöst?

Ich war immer ein Individualist, der die völlige Gestaltungsmacht über sein Leben in der Hand zu haben glaubte. Meinen radikalen Individualismus sah ich als Ergebnis einer historischen Entwicklung des Menschen zur positiven wie negativen Freiheit – auch wenn das keine Reflexion ist, die man sich tagtäglich leistet. Alles schien mir unerschöpflich. Das eigene Werden war ewiges Wachstum ins Unermessliche, die Welt stand immerzu sprichwörtlich offen.

Jetzt denke ich anders.

Mit zunehmendem Alter und sich einstellender Weisheit durch wachsende Lebenserfahrung (eine Art Wachstum, das, bei aller Wachstumsskepsis, die diesen Text durchtönt, durchaus wünschenswert ist) weiß ich, dass das Leben im Alter tatsächlich schneller verläuft. Der Spruch der Weisen ist also wahr. Des Weiteren gibt es zahlreiche Studien darüber, wie die subjektive Wahrnehmung von Zeit sich im Laufe des Lebens verändert. Erstinstanzlich dafür verantwortlich ist die Fähigkeit zur Erinnerung, denn der Mensch an sich *ist* Erinnerung. Er weiß von sich durch Erinnerung. In der Erinnerung vollzieht sich Identität. Erinnerung ist physiologisch betrachtet eine unfassbar komplexe Leistung eines Gehirns, das, soweit man heute weiß, mit Neokortex, Schläfenlappen und zwei unterschiedlich agierenden Hemisphären nur dem Menschen gegeben ist. Da der Mensch um das Alter von zwanzig herum die meisten intensiven Erfahrungen seines Lebens ausbildet, sprechen Psychologen von diesem Lebensabschnitt als »Reminiszenzhöcker«. So gut wie alle unverwüstlich wiederkehrenden Erinnerungen, im mindesten siebzig Prozent der stärksten im Leben eines Menschen, beziehen sich auf den Zeitraum zwischen fünfzehn und fünfundzwanzig Jahren, Jahre, die mit zahlreichen Pioniererfahrungen weitgehend unversehrt im Erinnerungsspeicher liegen: das erste Verliebtsein. Der erste Liebeskummer. Das Abitur. Der erste Arbeitstag. Weil in den restlichen zwei Dritteln des Lebens nur noch dreißig Prozent der Erinnerungen verortet sind, scheint mit zunehmendem Alter das Leben schneller zu vergehen – was es physikalisch keinesfalls tut. Je mehr Erinnerungen aber in einem bestimmten Zeitintervall lagern, desto länger scheint im Rückblick dieses Intervall zu dauern. Je länger dagegen das Leben dauert, desto mehr mangelt es ihm gewöhnlich an Überraschungen und

Pioniererfahrungen. Es *scheint* dahinzurauschen. Es *scheint* all das zu tun. Es *scheint* etwas so zu sein, was so nicht gegeben ist. Und das ist das Alter.
Wie alt bin ich, abgesehen von den biographisch zählbaren Jahresringen? So alt, wie du dich fühlst, sagen die Besserwisser. Wann genau sich das mittlere ins endgültige Alter übersetzt, ist schwer zu sagen, womöglich ist es keine spürbare Zäsur und noch weniger verallgemeinerungsfähig. Jugend heißt, die unbegrenzte Vielfalt von Optionen zu haben, aus denen der Mensch wählen kann; Alter hingegen setzt bei der Erkenntnis ein, keine Optionen mehr zu haben. Alter heute wäre folglich die sich vollziehende Wahllosigkeit in einer Lebenswelt, die ständig zum Vollzug der Wahl auffordert wie keine je zuvor. Insofern fühle ich mich jung, obwohl ich es de facto nicht mehr bin.
Irgendwann ist das eigene Leben dann vollzogen, fertiggewählt und flächendeckend markiert, als wäre die zur Verfügung stehende Matrix, auf der man die Zeichen seiner Biographie hinterlassen hat, zu Ende beschrieben; als hätte man sich sein eigenes Leben eintätowiert wie einen Code, der nicht mehr löschbar ist. Merkt man, wann dieser Zeitpunkt gekommen ist? Sendet die Natur untrügliche Zeichen ihres Endes, oder ist sie so raffiniert, ihr Vollzogensein zu verschleiern? Alt ist man demnach, wenn man glaubt, keine Wahl mehr zu haben. Das Leben gehorcht dem programmierten Vollzug und spult sich ab. Eine Neu-Formatierung scheint unmöglich. Das vergehende Leben ist dann eine Schmach, wenn man das Gefühl hat, aus den Möglichkeiten, die es einem bietet, nicht alles gemacht zu haben, da man nun, im Alter, keine neuen Möglichkeiten mehr hat. Jeder alt Werdende wird den Schwund der Möglichkeiten kennen, und wer sich des Schwindens bewusst ist, weiß, dass das Alter begonnen hat.

Nie habe ich so gedacht, als die Tage kamen, als die Optionen mich bestürmten, als es dieses Versprechen auf Unendlichkeit noch gab, mit dem ich eintauchte in die Flut der Illusionen und mit großem Pathos rief: Kommt, ihr Tage, kommt!

Wenn man hingegen die Tage festhalten und rufen will: Bleibt, ihr Tage, bleibt!, hat das Sterben bereits eingesetzt. Die Definition dessen, was ein Tag ist, hat sich also geändert: Jeder Tag, der geht, ist ein Stück Leben, das geht, das sich einen Tag weiter abspult, sich einen weiteren Tag seiner selbst entledigt, einen weiteren Tag dem Sterben unterliegt, ein Leben, das unendlich zu sein schien, bis der Tag kommt, an dem es ins Endliche kippt, an dem im Bewusstsein die Nulllinie dräut. Wie viele Weihnachten wird es noch geben? Wie viele Sommer wird man noch haben? Wie oft London, Griechenland oder den Bodensee noch sehen? Irgendwann kommt der Tag, an dem der Mensch weiß, dass er sein letztes Auto kauft. In diesem Auto wird er die letzte Fahrt tun. Auf einmal häufen sich die letzten Dinge, wie es einst die ersten taten, aber sie hinterlassen nichts. Der Unterschied zwischen den ersten und den letzten Dingen besteht darin, dass das Schwinden und Vergehen nicht erinnerungswürdig ist.

Immer öfter stelle ich mir die Frage, wann mein Sterben jenen Punkt erreicht haben wird, da es irreversibel ist. Und wann genau es so irreversibel sein wird, dass der Tod nicht mehr reversibel ist. Wann genau also der Moment gekommen ist, an dem der Tod anwesend zu sein beginnt. Spürt man das? Ist man Tier genug, seinen kommenden Tod zu bemerken? Spürt man den Riss in dem Firnis des Lebens, der zum Tode hin führt? Spürt man das Reißen der Membran, die Leben von Sterben unterscheidet (wenn man nicht in philosophischem Fundamentalismus Leben per se mit Sterben gleichsetzt und das Leben, wie Heidegger es getan hat, als Vorlaufen zum Tode betrachtet)? Dann erhielte der Heideggersche Satz nicht nur eine ungeheure logische Richtigkeit, sondern mutete in seiner existenziellen Düsterkeit sogar heimelig an. Und natürlich hatte, wie fast immer, Immanuel Kant recht, als er bemerkte: »Gerade, wenn man so weit ist, anfangen zu können, muss man sterben.«

Man kann es üble Gewohnheit oder kulturelle Freiheitsberaubung nennen, dass wir allzu beflissentlich zwei Leben in eins packen, will heißen: über unsere körperlichen und psychischen Verhältnisse leben, weil wir befürchten, dass nach dem irdischen kein weiteres Leben mehr kommt, oder weil die Verführungen und Verlockungen des Daseins derart vielfältig und aufregend sind, dass ein einziges Leben zu deren Erfahrung niemals ausreicht und das Gefühl, Wesentliches verpasst und die Intensität des Höchstmöglichen nicht ausgereizt zu haben, zu einer grundlosen Kränkung entarten kann, die noch vor jedem Ende zu einem kaum begründeten Unglücklichsein führt. Über die gleichzeitige Komprimierung und Aufblähung unseres Lebens im Quadrat haben wir die *Zeit an sich* verloren, und wenn man der Gleichung zustimmte, Leben sei Sein in Zeit, so hätten wir auch ein Stück weit das Sein an sich verloren.

Als verlässliche Kategorie eines Kontextes existiert Zeit nicht mehr. Wir leben, als gäbe es kein Gestern und keine Negation und als wäre die Röte des anbrechenden Morgens die einzig gültige Verheißung. Das gestörte Verhältnis zwischen Mensch und Zeit dürfte dem Einzelnen bekannt sein und zieht rätselhafterweise dennoch die halbe Menschheit in seinen Bann. Wir sind Opfer dessen, was der italienische Philosoph Giacomo Marramao mit dem Begriff »Zeitsyndrom« als Grundlage der globalisierten Gesellschaft erfasst hat: der wachsenden Diskrepanz zwischen dem Übermaß an

Erwartungen und der fehlenden Zeit zu ihrer Erfahrung. Erfahrung geschieht immer erst in der Zeit.
Wer freiwillig auf die mögliche Fülle des Lebens verzichtet – gilt der nicht als Tor? Ich jedenfalls fühle mich gezwungen, jeden freien Augenblick zu nutzen und jede frei werdende Zeiteinheit sofort mit einer neuen Tätigkeit zu belegen. Was ist die Folge? Ich habe nie genug Zeit und stets das Gefühl, von der Zeit als solcher (die es vielleicht gar nicht gibt) hintergangen zu werden, indem sie sich mir entzieht. Selbst in Phasen der Muße bin ich in Zeitnot, weil ich die Angst spüre, die Zeit der Muße sei im nächsten Augenblick bereits vorbei, weswegen ich das Müßiggehen kaum genießen kann. Der Eindruck des Getriebenseins ist keineswegs falsch. Vermutlich werde ich im Laufe meines bleibenden Lebens umdenken müssen. Erst wer Zeit als Vorlauf zum Tode wahrnimmt, erkennt ihren wahren Wert. Oder andersherum: Erst wer den Lebenswert der Zeit erkennt, kann sie bewusst wahrnehmen. Ohne Zeit ist Freiheit und Selbstbestimmung nicht möglich – das ist das Verhängnis des Zeitgenossen im Sog seiner Gegenwart.

II

Der Zeitgenosse als Regisseur seines Todes

14

Eingangs war die Rede von einer Revolution. Ein großes Wort, gewiss. Zu groß und abgegriffen womöglich für eine Betrachtung über Sterben, Tod und Trauer, weshalb nun, etwas modifiziert, die Rede von einem revolutionären Kulturwandel sein soll, der als Wandel der Kultur des Lebens und Sterbens insofern revolutionär ist, als er das Regime der Selbstherrschaftlichkeit des Individualisten auf die letzten Dinge überträgt.

Ein Wandel setzt immer dann ein, wenn sich Kultur verändert. Kultur verändert sich, wenn Werte sich wandeln, Normen sich verschieben und Begründungen hinterfragt werden. Dann entstehen neue Paradigmen: prägende Verhaltens- und Urteilsmuster. Mit ihnen ändert sich nicht nur die Bewertung, es ändert sich womöglich auch das Bild vom Menschen. Just hier nun, am Ende der Betrachtungen über das zeitgenössische Subjekt, wie es durch den Sog der Ökonomie und deren Logik der Optimierung zur Todesverdrängung animiert wurde, setzt der Umschlag ein: Die historisch erkämpfte positive Freiheit zur Selbstverfügung vollzieht sich nun in jenem Bereich des Lebens, der dessen Negation darstellt: Sterben und Tod des Individualisten in totaler Gegenwart.

Der Schlüsselbegriff für das gelingende Sterben ist der gleiche wie jener für das gute Leben: Selbstbestimmung. Selbstbestimmung ist nicht gleichzusetzen mit

Autonomie, obwohl beide Begriffe oft gleichbedeutend benutzt werden. Meine Selbstbestimmung endet dort, wo die Selbstbestimmung des anderen beginnt. Autonomie endet niemals und nirgends. Sie ist und bleibt dem Individuum unverhandelbar zugeschrieben, als Ausdruck seines Werts und seiner prinzipiellen Würde. Der philosophische Autonomiebegriff – auf Rousseau und vor allem Kant zurückgehend – basiert auf Lebensregeln und Maximen, nicht auf einzelnen Handlungen. Grundgedanke der Autonomie ist die Unverfügbarkeit des Individuums, Grundpraxis das Instrumentalisierungsverbot. Der einzelne Mensch darf niemals bloß zum Zwecke äußerer Mittel gemacht werden, sondern muss immer zugleich Selbstzweck sein. Autonomie ist niemals teilbar und niemals einschränkbar. Sie ist der geschützte Anspruch jeder Person, Zweck in und für sich selbst zu sein.

Selbstbestimmung hingegen, das Leitmotiv der Individualisierung, ist eine Kompetenz, über die das Gefühl der Kontrolle des eigenen Lebens geleitet ist und die von individueller Kognition abhängt. Als selbstbestimmt gilt, wer Akteur seines Lebens und seiner Handlungen ist und die Konsequenzen seines Handelns absieht und übernimmt. Kurzum: wer steuerungsfähig ist. Im Gegensatz zur Autonomie kann Selbstbestimmung eingeschränkt oder teilbeschränkt sein. Aber beide, Autonomie wie Selbstbestimmung, wehren sich gegen eines gleichermaßen: gegen jede Form der Instrumentalisierung durch ein äußeres Regime.

Vor dem Hintergrund eines weitgehend entchristlichten Selbstverständnisses heißt Autonomie auch, das Verkümmern und Siechen, das Darben und Vergehen des Lebens nicht als Ausdruck göttlichen Willens hinzunehmen. Die Akzeptanz des Leids und des Leidens wird durch die Philosophie des Rechts auf einen gelingenden Tod abgelöst. Der Zeitgenosse erkennt, wie sehr und in welchem Umfang sich medizinischer Fortschritt auf sein eigenes Leben auswirkt und auswirken kann. Wer die Autonomie des Menschen schützen will, braucht keine Version von der Gottesebenbildlichkeit des Menschen, es reicht das Instrumentalisierungsverbot – das allerdings vollkommen.

Aber kann man tatsächlich ein Recht auf einen gelingenden Tod haben? Wer gewährt, wer verleiht es? Bei wem sollte man es einlösen? Nicht das einklagbare materielle Recht ist gemeint, sondern ein nichteinklagbar konventionelles. Ein Recht auf gelingenden Tod im juristischen Sinne kann man keinem Individuum zugestehen, weil der Begriff »gelingender Tod« – der in keiner Weise mit dem Euthanasie-Euphemismus nationalsozialistischer Vernichtungswut in Zusammenhang zu bringen ist – immer subjektiver Anschauung unterliegt. Jeder wird einen gelingenden Tod anders definieren. Wohl alle aber werden an Schmerzfreiheit interessiert sein, worüber weiter hinten ausführlich zu sprechen sein wird. Der Begriff »gelingender Tod« ist nicht objektivier- und also nicht verallgemeinerbar. Insofern kann er kein Gegenstand rechtsphilosophischer Erörterung sein.

Zum anderen ist offensichtlich, dass im Sterben die Selbstbestimmung endet. Sie schwindet, wenn die eigene Endlichkeit nicht mehr aufzuhalten ist, und sie endet dort und dann, wo und wenn das Selbst sich nicht mehr als Selbst erkennt. Auch dann ist das Individuum unausgesetzt autonom, weil es als Individuum ja bedingungslos und per se autonom ist. Akteur seiner Handlungen aber ist es nicht mehr. Im Zustand grässlichen Schmerzes oder einer Einschränkung des Bewusstseins verfügt es nicht mehr über sich, obwohl Schmerztherapien einstmals unerträgliche Zustände mittlerweile erträglich machen können.

Was heute als unerträglich gilt, wurde womöglich früher gar nicht erst als unzumutbar anerkannt, weil erstens durch das Wort von der Akzeptanz des Leidens als göttlichem Willen der Begriff der individuellen Unzumutbarkeit nicht bekannt war. Und weil zweitens aufgrund fehlender Erfahrung mit Schmerztherapie und Schmerzlinderung zwischen Zumutbarkeit und Unzumutbarkeit nicht unterschieden werden konnte. Durch die radikale Individualisierung und den Pluralismus der Lebensentwürfe, Lebensverständnisse, Lebensdefinitionen, Lebensweisen und Todesängste ist eine allgemeine Aussage über Unzumutbarkeit nicht mehr zu machen. Die Schmerzsensibilität ist so verschieden ausgeprägt, wie die Menschen verschieden sind. Der eine wird Schmerz empfinden, den der andere noch gar nicht wahrnimmt; der eine einen Schmerz als unerträglich bezeichnen, den der andere noch hinnimmt. Vielleicht ist man heute schneller als früher bereit, ein unangenehmes Gefühl als Schmerz zu klassifizieren, was dem Vorwurf einer gewissen Verweichlichung gleichkäme. Vielleicht ist heute aber auch die Bereitschaft größer, Schmerzen nicht als unabänderlich hinzunehmen, da der Mensch sie durch sein Wissen über ihre Linderung weitgehend zu neutralisieren in der Lage ist.

Zumutbarkeit ist ein guter Indikator, um die Grenzen der Selbstbestimmung zu zeigen. Wir können nur versuchen, Einfluss zu nehmen, bestimmten Zuständen, die wir als unzumutbar definieren, nicht ausgesetzt zu werden. Dass sie als nicht zumutbar empfunden werden, heißt nicht, dass sie tatsächlich unzumutbar sind. Wer will definieren, was zumutbar ist und was nicht? Wer will überhaupt etwas definieren, und wer will dabei für wen sprechen? Das kann, allein für sich, einzig der Einzelne tun. Jeder wird dabei versuchen, sich die Umstände seines Sterbens zumutbar zu machen. Er wird die Einsamkeit seines Todes vorbereiten. Er wird Sorge tragen, in der totalen Einsamkeit des Todes kein einsames autonomes Subjekt zu sein.

15

Was ist in den vergangenen fünfzehn Jahren geschehen? Ins Große gesprochen: Der revolutionäre Wandel hat mit dem Selbst- sogleich das Menschen- und mit Letzterem das Todesbild verändert. Sterben und Tod sind heute mehr denn je personalisiert. Es sind keine objektiven Tatbestände mehr, sondern subjektive Prozesse. Der Heiligkeit individueller Autonomie entspricht die Personalisierung von Sterben und Tod. Sie lassen sich weder ins Korsett einer Weltanschauung pferchen noch einer erstinstanzlichen Handlungsanleitung unterstellen. Jeder Tod ist ein ureigener. Man könnte sagen: Jeder Tod eines Menschen ist der Abschluss seiner je eigenen Geschichte.

Diese Geschichte beginnt wenig überraschend bei der Geburt; der Tod lässt sich ohne Geburt ja nicht denken. Obwohl Anfang und Ende des Menschen – die beiden Pole jeder Erzählung von und über sich – selbst dem selbstermächtigten Individuum entzogen sind, unterscheiden sich Geburt und Tod in einer Hinsicht fundamental: Auf seine Geburt hat der Mensch keinen Einfluss, er muss sie hinnehmen. Oder besser: Er muss sie annehmen, weil er sich hinnimmt. Auf seinen Tod aber hat der Mensch Einfluss, der sich allerdings im Einfluss auf dessen *Zeitpunkt* erschöpft. Man kann den Tod verzögern oder aktiv herbeiführen, verhindern lässt er sich bekanntlich nicht. Sterben und Tod, zwei völlig verschiedene Phänomene, unterscheiden sich im Einfluss des Individuums auf die Umstände seines Lebens. Sterben ist Leben, Tod das Ende von beidem.

Als kulturelle Norm kehrt der Tod seit einigen Jahren insofern ins Leben zurück, als er als Teil *des Lebens* anerkannt wird. Dass Sterben eine Angelegenheit des Sterbenden ist, mag banal klingen, ist aber ein Quantensprung im Selbstverständnis. Der Imperativ der Selbstverfügung betrifft nun auch die letzten Dinge und verbrüdert sich mit dem Imperativ der Optimierung. Optimierung heißt nicht nur, das nicht zu definierende Können ad infinitum zu steigern, sondern auch die Einschränkung dieses Könnens möglichst zu minimieren. Selbstverfügung und Optimierung sind, wie gehört, das Hochamt der Individualisierung – der Individualist betreibt auf allen möglichen Feldern Schicksalskorrektur, obwohl er weiß, dass er das existenzielle Schicksal seines Endes nicht korrigieren kann.

Die bewusste Beschäftigung mit dem eigenen Verfall setzt heute weitaus früher ein, weil der Zeitgenosse durch das Optimierungsdenken nicht nur körpersensibler, sondern zugleich auch leid-, schmerz- und defektsensibler, kurzum: sterbens- und todessensibler geworden ist.

Der Tod rückt in den öffentlichen Raum und somit in den Bewusstseins-Raum der öffentlichen Wahrnehmung. Es wird in aller Öffentlichkeit gestorben wie selten zuvor in einer Gesellschaft, die den Tod traditionell tabuisiert und ihn dem Herrschaftsbereich der Kirche unterstellt hat. Der Tod ist allgegenwärtig. Von überall her wird der Zeitgenosse vor Todesgefahren gewarnt, er wird geradezu eingewoben in ein Netz aus Ängsten und Warnungen. In der Flut digital generierter Informationen, die mit Wissen nichts und mit Weisheit nichts mehr zu tun haben, gibt es womöglich eine umfassende Kenntnis des Todes als Phänomen. Eine Erkenntnis des Todes als Realität gibt es kaum. Und wohl deswegen nicht, weil das digitale Zeitalter, welches hier keineswegs zu kritisieren ist, seinem Wesen nach ein horizontales, kein vertikales Geschäft ist. Seine Parameter lassen sich wie folgt bestimmen: Korrelation statt Kausalität, Klärung statt Erklärung, Kenntnis statt *Er*kenntnis. Die Formen des Sterbens und des Todes haben sich, wie alles in der späten Moderne, pluralisiert, diversifiziert und ausdifferenziert. Sie sind nicht mehr verallgemeinerbar. So pluralisiert die Formen sind, so individualisiert sind sie zugleich.

Wenn der Einzelne nun kein einklagbares, aber ein konventionelles Recht, ein Alltagsrecht also, auf einen gelingenden Tod hat und dennoch die Kunst des guten Sterbens ein ethisches Anliegen ist – wie lässt sich eine zeitgemäße *Ars moriendi* bestimmen und beschreiben, die, anders als ihr historisches Vorbild, ohne Fremdbestimmung auskommt? Ars moriendi, die »Kunst des guten Sterbens«, wurde im späten Mittelalter auf das Himmelsreich gerichtet, wird heute aber weitgehend (nicht überall gleich, nicht überall gleich deutlich, nicht überall für jeden) unreligiös gedacht. Wer es gewohnt ist, sein Leben in die eigene Hand zu nehmen, wer aufwächst im Regime der Maximalisierung, Schicksalskorrektur und Selbstherrschaftlichkeit, wird nicht nur sein Leben, sondern auch sein Sterben und seinen Tod dem Gedanken des Ökonomischen unterwerfen.

Macht sich hier nicht ein Paradoxon bemerkbar? Der Zeitgenosse lässt von außen nicht mehr in sein Sterben und seinen Tod hineinreden, und nicht mehr das Sterben und der Tod beherrschen das Individuum, sondern nun, im Furor der Selbstermächtigung, schwingt sich der Individualist zum Herrscher über sein eigenes Sterben auf. Es nimmt nicht nur sein eigenes Leben, es nimmt auch seinen eigenen Tod in die eigene Hand. Ist das möglich? Kann man den Tod in die Hand nehmen? Ist der Tod nicht per se unverfügbar? Als Faktum ja. Als Phänomen nein.

Das immaterielle Menschenrecht auf Selbstbestimmung und die garantierte Autonomie der Person durch das materielle Recht des Grundgesetzes formulieren eine belastbare Ethik der Individualität und stellen uns am Beginn des dritten Jahrtausends ein Menschen- und Todesbild vor, das weitgehend ohne metaphysische Einbettung auskommt und einen personalisierten Gott als Schicksalsgröße nicht mehr anerkennt. Der gute Tod ist immer ein individualisierter Tod, das gute Sterben immer ein individualisiertes. Und wenn später von Trauer und Erinnerung die Rede sein wird, so wird von individualisierter Trauer und Erinnerung die Rede sein. Aber erst einmal muss jetzt die Rede sein von der Kunst des guten Sterbens.

16

Sterben zu lernen heißt, gut zu leben. Oder andersherum: Ein gutes Leben ist die beste Schule eines gelingenden Sterbens, weil das gute Leben sein schlechtes Ende als Schicksal mit einbezieht. Die Kunst des guten Sterbens akzeptiert Verfall, Leid, Schmerz und Vergänglichkeit. Sie setzt voraus, dass das Schicksal nicht zu korrigieren ist. In gewisser Weise wäre die Kunst des guten Sterbens die konsequente Bejahung des Schicksals. Diese Bejahung bedeutet allerdings kaum, dem sich in den Körper hineinfressenden Schmerz bei der Verrichtung seines Werks tatenlos zuzusehen.

Der quasiheilige Paragraph der Autonomie des Individuums hat in den vergangenen zwei Jahrzehnten gleichermaßen eine Sieges- wie Entartungsgeschichte durchlaufen, deren Resultate wir sehr deutlich im Verhältnis zu Sterben, Tod und Trauer besichtigen können. Auch hier gilt: in regional, konfessionell, kulturell und individuell völlig verschiedener Dosierung und Ausprägung. Durch die Ideologie der Selbstermächtigung ist der eigentliche Sinn der Autonomie in sein Gegenteil verkehrt worden. Das Individuum hat sich selbst instrumentalisiert. Insofern lässt es über sich verfügen. Es lässt sich die plausiblen Rationalitäten vorschreiben. Es vergeht sich an der negativen

Freiheit, indem es die positive radikalisiert: Ein gutes Leben, lautet der Kern seiner Rationalität, sei nur im Zustand der Steigerung, der Perfektion und der Funktionstüchtigkeit möglich.

Wenn Autonomie in ihrem philosophischen Selbstverständnis ein allgemeines moralisches Gesetz vorstellt, demzufolge der Mensch von nichts und niemandem instrumentalisiert werden darf, mutet die Unterwerfung des Einzelnen unter das Regime der totalen Ökonomie wie eine Verletzung dieses Gesetzes an. Nicht auszuschließen, dass dies freiwillige Freiheitsberaubung ist, das Regime der Selbstermächtigung geht schließlich von der totalen Kontrolle und Kontrollierbarkeit seiner Umstände aus. Mehr noch, sie geht davon aus, dass der Einzelne stets Herr des Verfahrens sei, stets Akteur seiner Handlungen, dass er alles im Griff habe und dass er, wenn dies nicht der Fall ist, zu Tat und Veränderung schreite.

Die Idee der Selbstbestimmung hat sich im Laufe der Menschheitsgeschichte als eine der höchsten Normen, wenn nicht als Gipfelpunkt der Freiheit etabliert. Sie ist gewissermaßen die praktische Umsetzung der theoretischen Autonomie. An die Autonomie des Lebens knüpft sich aber auch die Autonomie des Sterbens. Und was lässt sich dieser Tage materiell und immateriell darunter verstehen? Wie halten wir es mit der Verantwortung dem vergehenden menschlichen Leben gegenüber? Wie geht die Gesellschaft mit autonomen Personen am Ende ihres Lebens um, die nicht mehr in der Lage sind, ihr Leben selbstbestimmt zu steuern? Wie weit lässt sich Selbstbestimmung im Vollzug des Sterbens bewahren?

Manche werden am Ende ihres hoffnungsvoll begonnenen Lebens mit sehr hoffnungslosen Zuständen konfrontiert. Sie und ihre Angehörigen müssen mit dem Verlust der Selbstbestimmungsfähigkeit fertig werden und mit der Malaise der Steuerungsunfähigkeit des Kranken umgehen. Eine zeitgemäße Ars moriendi müsste sich also der Frage stellen, wie wir – die Gesellschaft, die Zeitgenossen, die Lebenden, die Sterbenden – andere Formen personalen Lebens in den sozialen Raum integrieren wollen, ohne auf die bequeme Lösung zu verfallen, funktionsuntüchtiges, nicht mehr optimierbares, verwertungsfernes Leben abzudrängen, abzuschieben, auszumustern.

Die Würde des Menschen ist unantastbar. Mit einiger Sicherheit ist dieser erste Satz der Grundrechte des Menschen in Artikel 1 des deutschen Grundgesetzes die größte Errungenschaft einer sich jahrhundertelang in Kriegen tötenden und in Diktaturen quälenden Menschheit. Die Würde des Menschen ist das Recht auf die Würde eines selbstbestimmten Lebens in Freiheit. Sie beschreibt aber genauso das Recht auf Würde auch eines selbstbestimmten Sterbens – und zwar dann, wenn man Sterben als Leben betrachtet und den Tod als Teil der Biographie.

Die Verfügungsgewalt des Individuums über sein Sterben und seinen Tod legitimiert sich über eine zeitgemäße Interpretation und Übersetzung des Begriffs Menschenwürde, der, im Jahr 44 vor Christus vom römischen Philosophen Cicero als »dignitas humana« vorformuliert, in langer Bedeutungsgeschichte einen glorreichen Flor besitzt. In der Generation jener, die vor dem Zweiten Weltkrieg geboren wurden (und in großen Teilen wohl auch jener, die danach zur Welt kamen), war der Tod ein Phänomen, das man nicht in die eigene Geschichte implementieren, das man nicht regeln und vorplanen mochte. Über den Tod sprach man nicht. Sterben war Tatsache, aber Tabu. Die Beschäftigung mit den letzten Dingen geschah allein auf der rechtsnormierenden Ebene. Der Tod war höchstens in der juristischen Verwaltung des Erbes vermögender Menschen ein Thema, als deren letzter Wunsch einer geregelten Weitergabe des Erreichten, insofern ein rein testamentarisches Anliegen.

Jetzt geschieht er auf der immateriellen Ebene eines Werte-, Normen-, Bewusstseins- und Kulturwandels, den Anthropologen, Kulturwissenschaftler, Philosophen und Juristen gleichermaßen bestätigen. Der Mensch versteht, interpretiert und nimmt sich heute anders wahr als vor sechzig, dreißig und vor fünfzehn Jahren. Das zeitgenössische Subjekt im Modus der Selbstherrschaftlichkeit hat keineswegs die Möglichkeit dazugewonnen, den Tod als solchen zu korrigieren. Aber es besitzt die Instrumente, die Modalitäten seines Eintretens zu bestimmen. Es kann Einfluss nehmen auf die letzte Phase seines Lebens. Es kann diese Phase sogar gestalten. Die Grenzen dieser Gestaltbarkeit haben sich verschoben. Über den Grenzbereich von passiver zu aktiver Sterbehilfe, dem Wunsch nach einer Tötung auf Verlangen und den assistierten Suizid wird ebenso zu reden sein wie über das Verhältnis von Legalität und Legitimität in diesen Fällen. Klar ist an dieser Stelle nur: Wir haben es mit einer *Wertverlagerung* zu tun. Durch selbstbestimmtes Sterben erhält das Leben eine neue Qualität. Es ist eine andere Art der Steigerung: nicht die des Einkommens, Wohlstands und Wachstums, sondern eine des Bewusstseins.

17

Darf man bereits hier von einer *Kultur des Sterbens* sprechen? Ja. Und nein. Nein aus mehreren Gründen. Nein unter anderem, weil das Wort *Kultur* auf gewachsenen Strukturen basiert und in gewordener Geschichte gründet und der revolutionäre Wandel, um den es geht, erst seit etwa fünfzehn Jahren zu veranschlagen ist. Zu früh für Kultur, wenn Kultur die Gesamtheit der Theorien, Überzeugungen, Vernetzungen, der Künste, Erkenntnisse, Sitten und Wissenschaften zu einem bestimmten Zeitpunkt bedeutet. Wohlwollend betrachtet, war man im 16. Jahrhundert weiter als heute, da es im Zuge einer (notabene christlich imprägnierten) Ars moriendi den Versuch gab, jenen negativen Lebensabschnitt, der ansonsten aus der Wahrnehmung des gesunden Lebens herausgebrochen wird, aktiv zu gestalten.

Statt schon von einer *Kultur des Sterbens* sprechen zu können, sei hier abermals von einem Kulturwandel gesprochen und dieser als Vorstadium einer Ars moriendi des 21. Jahrhunderts begriffen. Noch ist das Sterben aus dem gesamtgesellschaftlichen Diskurs weitgehend ausgeklammert und kommt allenfalls dann zur Sprache, wenn es exzessfähig ist: als schmerzvolle, grauenhafte, quälende Antithese zum Leben. Wenn uns der Schauder über das Leid des anderen eigene Erhabenheit ermöglicht, manchmal Empathie, fast immer aber das Glück der Fügung, in diesem Fall selbst nicht betroffen zu sein. Wie sollte man an der Fleischtheke auf die Frage des Nachbarn antworten: »Sterben Sie gut?« Es wäre geradezu ein Affront, eine

Frechheit, womöglich die Chuzpe eines Provokateurs, den Mitbürger inmitten seines immer prallen Lebens auf die eigene Vergänglichkeit anzusprechen, und schlagfertig hätte man zu parieren: »Ich sterbe bestens – und Sie?«

Gestorben wird überall auf der Welt, aber in Deutschland hat Sterben – man mag es hundertfach bedauern und dabei die Augen rollen – noch eine andere Imprägnierung. Deutsches Sterben vollzieht sich unter anderen Gesichtspunkten als sagen wir: französisches, israelisches, türkisches, amerikanisches oder asiatisches. Deutschland steckt bis zum heutigen Tage im Klammergriff zweier Groß-Traditionen. Die eine ist geistreich, die andere verbrecherisch.

Herrn Hitlers unfassbare Lebensverachtung und Menschenächtung hat zur größten Katastrophe der jüngeren und womöglich gesamten Weltgeschichte geführt. Deren Hinterlassenschaft bis heute besteht in einer Ambivalenz. Zum einen in der fast neurotischen Sensibilität gegenüber Sterben und Tod in einem Land, in dessen Namen millionenfach Sterben und Tod über die Welt gebracht worden ist, das Regionen verwüstet und generationenübergreifende Traumata zu verantworten hat. Diese Sensibilität besteht in der tiefen Scham der Nachkriegsdeutschen als Nachkommen jener vom Weltgericht der Geschichte überführten Massenmörder, die jahrzehntelang zu einer Sprachlosigkeit, vielleicht Stummheit geführt hat. Als Deutscher hat man selten ein unbefangenes Verhältnis zum Tod. Die Erinnerung an die industrielle Massenverfertigung des Nichtens und Vernichtens während des Dritten Reichs besitzt noch immer so viel Kraft, eine Kultur des Sterbens im humanistischen Sinne heftig zu beschatten. In der bundesdeutschen Nachkriegsgesellschaft war der Tod ein Tabu, weil die Shoah so nah war. Wenn das kollektive Gedächtnis eines Volkes, eines Landes, einer Nation tatsächlich mehr ist als ein psychologischer Terminus technicus, darf vermutet werden, dass die Deutschen auf dem Rücken von Abermillionen Leichen aus den beiden von Deutschen angezettelten Weltkriegen leben. Der Tod war nach Paul Celan bekanntlich ein Meister aus Deutschland, aber auch die Erfahrung der Verwüstung, des Darbens, Leidens, der Qual, des Schmerzes lagert im Seelenarchiv der Republik. Geprägt vor allem vom Ersten, dann vom Zweiten Weltkrieg, von Nationalsozialismus und von Vertreibung, hat Deutschland wahrhaft zu viele Tote gesehen, um ein unverkrampftes Verhältnis zum Tod haben zu können. Es ist verständlich, dass erst spät, fünfzehn, zwanzig Jahre nach Engländern, Amerikanern, Belgiern, Niederländern und Schweizern wir Deutschen zu einer Sprache über Tod und Sterben finden. Man wird andererseits kaum ein Land ausmachen können, das derart skrupulös und sensibel mit Verletzung, mit gewahrter Integrität, mit Todessensibilität umgeht wie Deutschland. Das ist die Rückseite der Ambivalenz des Todes hierzulande.

Die zweite große Traditionslinie ist jene des profunden Geistes und besteht in der Fähigkeit zum Absoluten in jeder Hinsicht. Zum absoluten Denken und zum Denken des Absoluten. Zum absoluten Geist und zur absoluten Funktionalität. Die deutsche Gegenwartsgesellschaft ist Erbwalterin eines stark gepflegten Funktionalismus. Vor und nach den Weltkriegen (und im Grunde schon immer) war der deutsche Mensch von Wert, solange er funktioniert. Funktion ist gebunden an Leistung und Effizienz, und wenn diese Überzeugung als wertsteigernd eingestuft wird, könnte man behaupten, dass das Selbstwertgefühl *des Deutschen* eng an den Zweck einer Leistung und deren Kontrolle gebunden war. Die Verdinglichungs- und Verwertungslogik der totalen Ökonomie des spätmodernen Lebens entspricht insofern offensichtlich dem Menschenbild deutscher Tradition.

Da Diskurse klugerweise und erfahrungsgemäß am besten in jungen Gesellschaftsschichten angestoßen und durchgeführt werden, weil sie erst über die Zeit ein zartes Gewebe generieren und die nötige Energie darin speichern, müsste das Gespräch über eine neue Ars moriendi in der Generation der heute Dreißigjährigen beginnen. Ihre Sozialisation als selbstherrschaftliche Subjekte und ihr Aufstieg als gesellschaftsprägende Kräfte der nahen Zukunft prädestiniert sie geradezu für die Aufgabe, die Grammatik des gelingenden Sterbens in die Zukunft zu übersetzen und den Prozess einer Enttabuisierung des Sterbens zu steuern.

Das Prinzip der Funktionalität nun aber auch auf das Sterben anzuwenden, wäre ein grober Denkfehler – die Logik der totalen Ökonomie würde sonst auch von den letzten Dingen Besitz ergreifen und ihr Mantra des Superlativs auf das definitiv Unsteigerbare übertragen – gemäß dem kompetitiven Motto: So sterben Sie am leichtesten!

18

Was eigentlich ist Sterben? Nicht einmal die Physiologen können dies erschöpfend bestimmen. Sie wissen zwar, was Multiorganversagen ist, aber worin genau das Sterben besteht, wissen sie nicht. Es gibt kein Handbuch zum Sterben, und der Sterbeprozess bleibt die große Unbekannte im Vollzug des Daseins. Faszinierenderweise ist Sterben eines der letzten ungelösten Rätsel der Menschheit. Nur die Statistik ist sicher: zu sechsundneunzig Prozent versterben die Deutschen an Krankheiten, darunter vornehmlich an Herz-Kreislauf- und Tumorerkrankungen, und das im Schnitt 830 000 Mal pro Jahr. Gleiches gilt für den Tod. In keinem Rechtsgebiet ist eigenständig definiert, was genau der Tod ist. Ist er ein Prozess oder ein Ereignis? Kann man ihn eindeutig und rechtsverbindlich definieren? Auch die deutsche Verfassung gibt keine Auskunft darüber, wie Leben im Unterschied zu Tod gefasst sein soll, und enthält sich so einer konkreten Bestimmung dessen, was unter Tod verstanden sein soll. Zwar garantiert Artikel 2.2 das Recht auf Leben – was Leben als solches aber ist, bleibt genauso unbestimmt wie sein Gegenteil. Das ist kein kleines Problem, weil Sterben und Tod somit zum Interpretationsereignis findiger Advokaten werden können, mit durchaus unvereinbaren Deutungen. Andererseits wäre jede materielle Bestimmung dessen, was unter Leben an sich zu verstehen ist, ein unerhörter Eingriff in die Selbstzweckhaftigkeit des Menschen, weil jede Aussage ein ganz bestimmtes Bild, eine ganz bestimmte Art, einen ganz bestimmten Zweck verfolgt.

Vielleicht hilft die Antwort auf folgende, präziser gestellte Frage weiter: Wann genau ist der Mensch tot? Bislang galt der Satz: Tot ist der Mensch bei Hirntod. Weil bei hirntoten Menschen immer wieder Leben und plötzlich auftretende Hirnaktivität festgestellt wurde, hat vor einigen Jahren eine Neubesinnung eingesetzt, die (im Fall bestimmter Juristen, Mediziner und Philosophen) zu einer Korrektur des Todesbegriffs aufruft. Die Zahl der Kritiker des Hirntod-Kriteriums wächst seit längerem; in welchem Ausmaß lässt sich nicht bestimmen, aber bedenkenswert ist sehr wohl, mit welchen Argumenten sie einen unverrückbaren, scheinbar ins Erz der Ewigkeit gemeißelten Todesbegriff in Frage und damit Rechtsprechung und Politik vor große Herausforderungen stellen. Am besten lässt sich der mögliche Paradigmenwechsel an einem fiktiven Fallbeispiel erkennen, dessen vergleichsweise ausführliche Schilderung an dieser Stelle sinnvoll erscheint.

Angenommen also, einer fünfunddreißigjährigen Frau widerfährt auf der Landstraße zwischen zwei deutschen Kleinstädten ein so schrecklicher wie folgenschwerer Autounfall. Die Notärzte leisten Erstversorgung, die Frau wird künstlich beatmet. Ihr Kreislauf ist stabilisiert, der Körper warm. Sie lebt. Das heißt: Ihre Organe funktionieren. Man transportiert sie in die Notfallaufnahme eines Kreiskrankenhauses, die Angehörigen werden informiert. Die durchgeführte Computertomographie bringt den Befund: Große Teile des Hirnstamms und des Großhirns sind durch eine Hirnblutung schwer geschädigt. Seit ihrer Einlieferung ist die Frau an ein Beatmungsgerät angeschlossen. Der Brustkorb hebt und senkt sich, aber die Neurochirurgen wissen nicht, ob die Frau zurückkommen wird, und wenn sie zurückkommt, ob sie gesund, geistig oder motorisch behindert sein wird. Ist die Frau in diesem Moment noch ein Mensch? Heißt zurückkommen: rückkehren in die Welt der Selbstbestimmung und Funktionslogik?

Die Wahrscheinlichkeit einer Rückkehr wird als äußerst gering eingeschätzt, die Fachärzte entscheiden sich für eine Hirntod-Untersuchung. Die Körpertemperatur liegt über zweiunddreißig Grad, eine Unterkühlung ist nicht gegeben, Medikamentenvergiftung und Sauerstoffmangel werden ausgeschlossen. Die Pupillen zeigen keine Reaktion auf Lichteinfall, der Cornea-Reflex ist erloschen, auf Schmerzreize im Gesicht erfolgt keine Reaktion, Schluck- und Würgereflexe bleiben aus; alle sieben Hirnnervenfunktionen sind ausgefallen. Zuletzt folgt der Apnoe-Test auf eigenständige Atmungsfähigkeit. Die Frau wird vom Respirator getrennt. Minütliche Analysen ergeben keinerlei Veränderung des Blutgases, ein Sauerstoffaustausch findet nicht statt. Innerhalb von fünf Minuten ist eine selbständige Atemtätigkeit nicht feststellbar. Nach zwölf Stunden führen zwei Ärzte jeden Schritt dieser klinischen Diagnostik ein zweites Mal durch, so sehen es die Richtlinien der Bundesärztekammer vor. Das Ergebnis ist das gleiche, der Ausfall der Hirnfunktion irreversibel. Die Frau wird für hirntot erklärt. Ist sie jetzt tatsächlich tot?

Im Laufe der nächsten Stunden wird festgestellt, dass die hirntote Frau schwitzt. Sie bildet Exkremente und scheidet sie aus. Dass sie sich in einem irreversiblen Wachkoma befindet, ist ausgeschlossen – bei einem

Koma ist das Hirn keinesfalls tot, sondern seine Funktionen sind teilweise eingeschränkt. Meist sind Patienten im Wachkoma sogar spontanatmend, und manchmal kommen sie zurück. Dass die hirntote Frau zurückkommen könnte, scheint zu diesem Zeitpunkt noch immer ausgeschlossen. Es *scheint.* Sicher ist es nicht. Die Grenze zwischen Konjunktiv und Indikativ ist biologisch so wenig bestimmbar wie die zwischen Tod und Leben. Bestimmbar ist nur der Hirntod. In Deutschland heißt Hirn: Hirnstamm, Großhirn und Kleinhirn. In Großbritannien heißt Hirn nur Hirnstamm. Wie kann man zum jetzigen Zeitpunkt hundertprozentig sicher sein, dass alle drei Hirnbereiche der Frau definitiv erloschen sind?

Angenommen, die Angehörigen erfahren, dass sich die klinischen Hirntod-Tests ausschließlich auf Hirnstamm und Großhirn beziehen. Das Kleinhirn wird nicht untersucht. Eine Kleinhirn-Untersuchung ist aufwendig und teuer; möglich wäre sie etwa durch eine Positronen-Emissions-Tomographie (PET), wozu die Frau samt metallenem Zubehör der künstlichen Beatmungsapparatur in den Scanner gefahren werden müsste. Die meisten Kliniken aber verfügen über diese nuklearmedizinische Gerätschaft nicht, und eine PET-Untersuchung ist nirgends vorgeschrieben. Weiter angenommen, die Frau würde nun vom Kreiskrankenhaus der deutschen Klein- ins Universitäts-Klinikum einer deutschen Großstadt transportiert. Dessen neurochirurgische Abteilung wäre ausgestattet mit PET und einem funktionalen Magnetresonanz-Tomographen (MRT). Und schließlich angenommen, nach Tests mit PET und MRT würde tatsächlich Aktivität in der Hirnrinde der Frau gemessen – je besser die Technik, desto wahrscheinlicher die Feststellung von Restaktivität. Ist das Gehirn der Frau also doch nicht tot?

An diesem Punkt beginnt das Dilemma des Todes als Ende des Lebens beziehungsweise der Definition dessen, was noch Leben ist. Die Frage nach dem Tod ist immer zugleich die Frage nach dem Leben; wer über den Tod befindet, befindet automatisch über Leben. Die Definition des Todes muss aber nicht notwendig die Definition des Lebens-Endes sein, wenn man »Leben« als Aktivität von Zellen und Organen versteht. Wenn im Fall der fünfunddreißigjährigen Frau eine Rest-Aktivität im Gehirn messbar ist, wenn die Körpertemperatur aufrechterhalten bleibt, die Fingernägel wachsen und die Homöostase (der Gleichgewichtszustand) dauerhaft funktioniert, so ist sie im organismischen Sinne lebendig, auch wenn sie korrekt für hirntot erklärt wurde. Das kann nur heißen, dass der Tod ein Konzept ist. Was »Tod« ist, vor allem: wann er gegeben ist, scheint eine künstliche Setzung zu sein. Aber wer setzt da? Und aufgrund welcher Basis? Ist die hirntote, schwitzende, exkrementebildende Frau mit messbarer Großhirnaktivität nach dieser Setzung noch ein Mensch? Wenn nein: Ist Menschsein allein an die Funktionsfähigkeit von Hirnstamm und Großhirn gebunden? Wenn ja: Wodurch ist Menschsein überhaupt bestimmt?

Durch das Gehirn als zentrale Steuerungseinheit für den Organismus, sagen jene, die den Hirntod als Todesdefinition nach wie vor befürworten. Ohne Gehirn, lautet ihr Argument, sei selbständige Atmung nicht möglich. Der hirntote Mensch sei zwar wachstumsfähiges physisches Dasein, jedoch ohne Verstandestätigkeit und soziale Interaktion – und das sei Vegetieren, nicht Leben. Kurz gefasst lautet die Denkfigur: Die Existenz des Menschen ist an die Funktion seines Gehirns geknüpft; ein von außen künstlich aufrechterhaltener Körper mit totem Gehirn ist kein Individuum mehr. Schaltete man die Herz-Lungen-Maschine ab, bräche der Kreislauf in kürzester Zeit zusammen. So gesehen wird Leben gleichgesetzt mit der Autonomie des Individuums durch Selbstregulation und Spontanatmung.

Die Hirntod-Kritiker setzen dagegen und sagen: Menschsein sei bestimmt durch die Einheit aller Organe. Das Gehirn sei nicht der große, allein verantwortliche Lenker, sondern nur eines unter mehreren gleich wichtigen Organen, weswegen seine Sonderstellung als oberstes Steuerungsorgan in Frage zu stellen ist. Nach ihrer Auffassung verfügt der Organismus über keinen Integrator, sondern ist definiert durch Integration – eine Eigenschaft, die sich aus der wechselseitigen Interaktion gleichberechtigter Teile, sprich Organe ableitet. Ein holistisches System also, das erst in totaler Desintegration endet. Das heißt: Bei hirntoten Patienten ist nicht das ganze Gehirn tot. Das Kriterium des Gesamthirn-Todes wird in der Praxis nicht sicher gewährleistet. Manche erachten das Hirntod-Konzept deshalb als Tatbestand der bewussten Täuschung.

Wie geht der Fall weiter?

Der Kreislauf der Frau arbeitet, ihr Organismus funktioniert. Doch er funktioniert nur, weil der Körper der Frau künstlich am Leben erhalten wird. Niemals kann ein Hirntoter spontan atmen, weil die spontane Atmung von Impulsen des Hirnstamms gesteuert wird. Ist die Frau noch ein Individuum? Ist sie noch Mensch? Was unterscheidet das Individuum vom Menschen? Und was mehr ist *der* Mensch als nur sein Körper?

Wäre es das Bewusstseinserleben, wie manche Philosophen behaupten, dürfte man bewusstseinsloses Leben nicht als Menschen bezeichnen, also Embryos, Wachkoma-Patienten oder Patienten mit schwerster Demenz. Wären sie keine Menschen, genössen sie weder Autonomie noch Rechtsschutz, dann würde »Leben« in höher- und niederwertig hierarchisiert. Für unser ethisches Grundverständnis ist das nahezu ausgeschlossen.

Passiert aber nicht längst, was sich schockierend anhört? Sprechen nicht nahezu alle Systeme der Ethik dem Bewusstseinsleben einen höheren moralischen Status zu als dem bewusstseinslosen Leben? Da »Tod« und »Leben« primär biologische Begriffe sind, unterscheiden manche Bioethiker zwischen einem mentalistischen und einem organismischen Todesverständnis. Dem mentalistischen Todesverständnis zufolge fällt der Tod mit dem irreversiblen Erlöschen des Bewusstseins zusammen; dem organismischen zufolge ist der Tod identisch mit dem irreversiblen Erlöschen der Fähigkeit des Organismus zu integriertem Funktionieren.

Die beiden entscheidenden Begriffe heißen Selbststeuerungsfähigkeit und Unumkehrbarkeit. Unumkehrbarkeit aber ist eine Prognose, keine Diagnose. Niemand kann mit letzter Sicherheit sagen, dass sich das Gehirn eines Hirntoten – analog zu regenerierten Patienten mit Schlaganfällen oder partiellen Hirnblutungen – nicht vielleicht doch irgendwann noch erholt, jedenfalls im Sinne eines organismischen Lebens ein Weiterleben möglich macht, in welcher Qualität auch immer. Lange Zeit wurde der Tod durch den irreversiblen Herz-Kreislauf-Stillstand festgelegt. Nach Erfindung der Herz-Lungen-Maschine 1952 konnten selbst Menschen ins Leben zurückgeholt und am Leben gehalten werden, deren Herz im Extremfall schon eine Stunde stillgestanden hatte. So lautet hinsichtlich eines Ausfalls der Gehirnfunktionen also die entscheidende Frage: Wie hoch ist der Prozentsatz der Reversibilität?

Weil weder Rechtsordnung noch Politik mit Prozentsätzen und Wahrscheinlichkeiten operieren können, sondern konsequenzfähige Zäsuren brauchen, muss eine Grenze gesetzt und ein Todeszeitpunkt bestimmt werden. Um die Dehnbarkeit ebendieser Grenze dreht es sich beim erneuten Diskurs um den Hirntod. Dem bisher geltenden neurozentrischen Todeskonzept einer Gleichsetzung von Hirntod und Tod erwachsen immer mehr Kritiker, nach deren Ansicht die zunehmende Reihe von Einzelfallberichten über Lebensfunktionen bei Hirntoten zu einem Umdenken zwingt. Zwar gibt es keine umstürzenden neuen medizinischen Erkenntnisse, aber die vielen kleinen Fälle in den vergangenen zwanzig Jahren ergeben in summa so etwas wie eine kumulative Evidenz. Nach 1982 und 1997 steht jetzt zum dritten Mal die Grundsatzfrage im Raum: Soll der Tod neu bestimmt werden? Angestoßen wurde diese Frage vor vier Jahren durch den amerikanischen President's Council on Bioethics, dessen Mitglieder den Tod weniger neurozentrisch als vielmehr holistisch-biologisch zu diskutieren anregten und das Argument der Hirntod-Definition als empirisch widerlegt betrachteten.

Weiter angenommen, man sähe in der für hirntot erklärten Frau keinen toten, sondern – wie manche Chefärzte und Neurologen es tun – einen sterbenden, schwerstkranken Menschen. Wenn Sterben als Prozess ein Teil des Lebens ist, wäre die hirntote Frau während ihres Sterbens noch am Leben. Die Medizin kann zwar verschiedene Stadien des Sterbeprozesses beschreiben, einen juristisch verbindlichen Todesbegriff festlegen kann sie nicht. Eine allseits akzeptierte Definition des Todes beziehungsweise seines Zeitpunkts ist deswegen von gesamtgesellschaftlich so großer Relevanz, weil es um die Entnahme funktionsfähiger Organe bei gleichzeitigem Mangel an Spenderorganen geht. Seit 1968 durch eine Ad-hoc-Kommission von Medizinern, Juristen und Theologen an der Harvard Medical School der irreversible Ausfall aller Hirnfunktionen als Todeskonzept eingeführt wurde, hat der Hirntod genau genommen nur einen einzigen Sinn und Zweck: Zäsur und Voraussetzung zur Organentnahme zu sein. Ohne Hirntod gäbe es keine Lebendorgantransplantation und keine Transplantationsmedizin. Anhand des Hirntod-Kriteriums macht man den Menschen zum plünderbaren Materiallager.

Angenommen, die als hirntot erklärte Frau besitzt einen Organspende-Ausweis und hat der Entnahme ihrer Organe vor längerem schriftlich zugestimmt. Herz, Nieren und Lunge sind durch Unfall und Lebenswandel unbeschädigt, HIV liegt nicht vor, das Alter von fünfunddreißig ist für eine Spende ideal. Weiter angenommen, die Angehörigen der verunglückten Frau stimmen der Entnahme ihres Herzens unter der Voraussetzung zu, die Frau sei definitiv tot. Wann wäre sie das denn nun? Und hat sie Schmerzen? Eine

Studie aus dem Jahr 1992 hat gezeigt, dass zum Zeitpunkt des Einschneidens zur Organentnahme aus dem Körper hirntoter Patienten ein drastischer Anstieg von Stresshormonen gemessen wurde. Der Ausstoß von Stresshormonen samt sprunghaft angestiegener Herzfrequenz bei der Entnahme deutet auf eine Reaktion hin – ob auf Schmerz, ließe sich ausschließlich dadurch klären, dass man den Hirntoten befragte. Offensichtlich aber reagiert der Organismus. Oder sind das Rückenmarksreflexe? Möglich. Aber das Rückenmark ist Teil des zentralen Nervensystems, das wiederum Teil der zentralen Steuerung durch das Gehirn ist, das ja eigentlich tot sein soll.

Der fünfunddreißigjährigen Frau wird also das Herz entnommen, weil ihr Gehirn irreversibel funktionsunfähig ist. Strafrechtlich ist das keine Tötung. Der Chirurg begeht weder Tötung auf Verlangen noch leistet er aktive Sterbehilfe. Wer eine hirntote Person körperverletzt, begeht im Sinne des Strafgesetzbuches keine Körperverletzung. Wenn »Person« sein notwendig bedeutet, eine Zukunft zu haben – ist der Sterbende dann keine Person im autonomen Sinne mehr? Juristisch gesprochen ist die Frau jetzt keine »Person« im Sinne einer Trägerin von Rechten mehr. Sie ist weder Individuum noch Mensch. Sie ist eine Leiche, obwohl in ihrem Körper Prozesse stattfinden.

Mit Hilfe künstlicher Beatmung kann der Körper mancher Hirntoter heute jahrzehntelang am Leben erhalten werden, und es gibt eine Studie, der zufolge hundertfünfundsiebzig Menschen nach erklärtem Hirntod mindestens noch eine Woche weiterlebten. Mindestens zehn Fälle von hirntoten Frauen sind bekannt, die eine Schwangerschaft erfolgreich ausgetragen haben. Wenn also bei Hirntoten noch Leben vorhanden ist, scheint die entscheidende Frage zu sein, wo genau man die Grenze zwischen Leben und Tod zieht.

Entweder heißt das: Wenn Groß- und Stammhirn irreversibel ausgefallen sind und für die Zukunft kein Bewusstsein mehr zu erwarten ist, müssen aufgrund des Überlebens isolierter Nervenzellpopulationen einzelne Zuckungen im EEG zu keinem Umdenken führen. Oder man sagt: Wenn der Tod künftig durch eine Doppeldiagnose von Hirntod plus Herz-Kreislauf-Versagen definiert wäre, würde der Todesbegriff nach hinten, in Richtung einer kompletten Verwesung der Zellen verschoben. Dann fielen umso mehr Handlungen unter den Begriff Tötung auf Verlangen. Juristisch ist es strengstens verboten, einen lebenden Menschen aktiv zu töten, wie gut der Zweck auch immer begründet und wie eindeutig auch immer das Einverständnis des Betroffenen dafür gewesen sein mag.

Den Juristen interessieren Regeln, keine biologischen Konzepte. Die Rechtsordnung definiert nicht den Tod eines Menschen, sie definiert eine Zäsur. Sie muss den Übergangspunkt vom Leben in den Tod festmachen, um daran bestimmte Rechtsfolgen zu knüpfen. Nicht einmal der Gesetzgeber hat den Tod als solchen definiert. Mit einer Zweidrittelmehrheit des Bundestags wurde 1997 im Transplantationsgesetz nur beschlossen, dass für die Entnahme von Organen mindestens der Hirntod eingetreten sein müsse. Das heißt aber nicht, dass der Hirntod als Tod des Menschen damit festgesetzt ist. Die Verfassung lässt aus sich heraus offen, was genau der Tod ist, ebenso wie sie offenlässt, was Leben ist. Es gibt zwar in Artikel 2 das grundgesetzlich garantierte Recht auf Leben, aber was »Leben« ist, obliegt der Interpretation durch die Rechtswissenschaft. Trickreich knüpft die Politik an den »Stand der Erkenntnisse medizinischer Wissenschaft« an und lässt sich somit ein Tor zur jederzeitigen Novellierung offen, sollte es neue Erkenntnisse geben. Wenn es welche gäbe, fänden sie wiederum ihren Niederschlag in den Richtlinien der Bundesärztekammer. Genau dieser aber halten Hirntod-Kritiker vor, kein Experten-, sondern ein privatrechtliches Interessengremium aus Verbandsfunktionären zu sein. Die Definition des Hirntodes sei ein willkürlicher Akt, zielgerichtet auf die mit viel Geld aus dem Gesundheitssystem geförderte Organgewinnung in der Transplantationsmedizin hin gesetzt. Ohne Zweifel: Wenn nicht ein Zustand *vor* dem vollständigen Zerfall des Körpers als Grenze bestimmt würde, wäre die politisch dezidiert geförderte Transplantationsmedizin tot.

Wenn es nun nach Meinung von Befürwortern wie Kritikern des Hirntodes keine neuen, das Menschenbild umstürzenden medizinischen Erkenntnisse gibt – warum dann eine abermalige Debatte über den Tod des Menschen? Den Todesbegriff nach hinten zu verschieben würde alles in allem nicht mehr bringen als Ehrlichkeit in der Sache, Zuwachs an wissenschaftlicher Redlichkeit und Zeit für eine geringe Wahrscheinlichkeit, dass ein Hirntoter irgendwann zurückkommt – in welchem Zustand auch immer. In Abertausenden Fällen ist über die Jahre hinweg akribisch danach gesucht worden, ob ein Hirntoter jemals wieder das Bewusstsein wiedererlangt hätte; es gibt bis heute nicht einen einzigen wissenschaftlich akzeptierten Fall. Und für jeden Patienten eine PET- oder MRT-Untersuchung als letztgültige Sicherheit auf erloschene Hirnaktivität zu fordern scheiterte an den Kosten der apparativen Untersuchung und stünde dem Grundsatz der Verhältnismäßigkeit entgegen, einer kühlen Kosten-Nutzen-Abwägung, derzufolge Therapiemaßnahmen umso eher begrenzt werden, je geringer die Hoffnung auf die Rettung des Menschen ist.

Ethische, juristische und politische Erwägungen unterliegen dem Geist der Zeit, der oft genug Zeitgeist ist. Der Hirntod stellt den Rechtsbegriff einer zeitgenössischen Transplantations-Metaphysik dar, deren Motive freilich auch Forschungsinteresse, Ärztekunst und letztlich die Ökonomisierung des Menschlichen sind. Und doch bietet der so definierte Tod weit mehr: die Grundlage einer Ethik der Solidarität nämlich, indem durch das transplantierte, das gegebene, das *geschenkte* Organ Sinn im Tod entsteht – ein »Akt der Liebe«, wie der ehemalige Papst Benedikt Entnahme und Spende lebender Organe genannt hat. Ist die Ermöglichung anderen Lebens nicht ein neuer Zauber in einer entzauberten Welt, die zwar das Heilige eingebüßt hat, aber so an Mitmenschlichkeit gewinnt?

Die Gabe, das Geschenk seiner Organe durch die selbstverfügte Ermächtigung weist den Zeitgenossen als Regisseur seines Todes aus.

III

Der Zeitgenosse zwischen Recht und Sitte

19

Eingangs versprach die forsche Behauptung eines revolutionären Wandels für die Zukunft eine neue Ars moriendi und intonierte im Umgang mit Sterben und Tod eine bislang nicht für möglich gehaltene Leitmelodie. Nach so ausführlicher wie notwendiger Betrachtung des spätmodernen Subjekts in seiner zeithistorischen und ethischen Verfassung hat man an dieser Stelle zu konzedieren: Die Behauptung hat die Qualität eines Befunds. Der aufgefundene Kulturwandel ist ein auf vielerlei soziokulturellen, sozioökonomischen und soziographischen Einfüssen basierender Änderungsprozess in den Wertvorstellungen vieler (und wohl immer mehr) Zeitgenossen – vornehmlich in protestantisch, alternativ-spirituell oder atheistisch geprägten Metropolen und Großstädten.

Der Wandel zu einer Kultur des guten Sterbens ereignet sich nicht gleichermaßen tiefgreifend auf jedem Quadratmeter Deutschland, nicht überall in gleichem Maße und gleicher Manier und vor allem nicht allerorten gleich sichtbar – zu unterschiedlich wird in der Großstadt und auf dem Land gelitten, gestorben und begraben, zu verschieden sind familiäre Verhältnisse, infrastrukturelle Begebenheiten und medizinische Möglichkeiten, zu divers die religiösen und kulturellen Vorstellungen des Todes bei protestantischen und katholischen Christen, bei Muslimen, Buddhisten, Juden, Atheisten oder Animisten. Warum werden konnte, was und wie es heute geworden ist, ist eine der spannendsten Angelegenheiten der Kulturwissenschaft, der Soziologie und der Alltagsforschung. Im Fall des diagnostizierten Wandels im Bereich Sterben, Tod und Trauer lassen sich für den Beginn bemerkenswerter Veränderungen in der Bundesrepublik die ersten Zeichen Mitte der 1990er Jahre sichten. Maßgeblich gesetzt und für die allmählich entstehende neue Sprache vorformuliert wurden sie von randständigen Milieus, die schon immer zu erhöhter Daseinssensibilität gezwungen waren: der Aids-Selbsthilfe-, der Schwulen- und der Hospizbewegung, innerhalb derer – geprägt von Ausgrenzung und Diskriminierung – reichlich schlechte Erfahrungen mit einem würdelosen Tod an würdelosen Orten gemacht wurden. Diesen Minderheitenströmungen gemeinsam war und ist das Bewusstsein der eigenen Andersartigkeit im Vergleich zum Mainstream, die feinnervige Aufmerksamkeit gegenüber dem *Menschen* als solchem und die fast skrupulöse Reflexion des jeweils Einzelnen auf sich und seine Situation.

Zaghaft und im Diffusen begann besagter Wandel vor etwa dreißig Jahren und ist seit der Jahrtausendwende als Enttabuisierung des Todes offen hör- und sichtbar: in Form einer rückeroberten Sprache über Sterben, Tod und Trauer sowie einer wunderbaren Vielfalt neuer Verhältnisbestimmungen zu den letzten Dingen. Keine Zukunft ohne Herkunft – dieser ins Erz der europäischen Zivilisation gemeißelte Grundsatz verpflichtet dazu, nun nach den historischen Linien zu suchen, die den Kulturwandel zu verantworten haben. Am Beginn der Suche steht ein merkwürdiger Widerspruch: je mehr Aufklärung, desto mehr Todesverdrängung.

Die Geschichte der Todestabuisierung geht mindestens ins 18. Jahrhundert zurück. Seit der Französischen Revolution und im Gefolge der Aufklärungsphilosophie war das Todestabu ein Äquivalent zur Heroisierung des Lebens. Letztere verstand sich als Emanzipationsleistung des Menschen von der Verkultung des Todes im christlichen Kontext des Kreuzes. Auf die Säkularisation folgte Anfang des 20. Jahrhunderts die Lebensverklärung der Naturalisten, der Naturburschenhaftigkeit der Nudisten, die den Körper feierten, ehe dann die Spalte zwischen Tod und Leben auf hinlänglich bekannte Weise aufriss: nämlich unermesslich. Das industrialisierte Töten und kriegsbedingte Morden der 1910er bis 1940er Jahre, das Gesamtverhängnis der ideologiegetriebenen Menschenverachtung stand ja der Idee der Selbstvergottung des Menschen fundamental entgegen. Dem schmetternden Ja! zum sexuell anarchischen Lebens- und Körpergenuss, das durch die libertären Freigeister der Achtundsechziger fortfolgende in die inneren Gehege der Bundesrepublik diffundierte, hatte Endlichkeit, Verfall und Vergehen ja gerade gar nicht im Sinn. Man kann die Anfänge einer hedonistischen Lebenszugewandtheit mit Beginn dieser Bewegung sehen, die eine bewusste Abgrenzung sowohl gegen die Ausläufer der wilhelminisch-soldatischen Tradition der Gefühlsverleugnung wie gegen den Sprachverlust und die aus Scham-, Schmerz- und Leiderfahrung resultierende Nachkriegs-Verpanzerung der Kriegsgeneration war. Gegen die organisierte Lebensverneinung des Dritten Reichs und gegen Schuld und Spießertum der frühen Bundesrepublik setzten sie Aufbruch, Lebensbejahung, Lebenslust und Lebensfreude.

Der historisch womöglich einmalige Widerspruch zwischen Todeserfahrung und Lebenssehnsucht generiert bis heute kleine und größere Nachbeben einer historischen Energie, unter deren Verdichtung der Zeitgenosse sein Verhältnis zu Sterben und Tod zu klären hat. Dabei geht es auch, aber nicht ausschließlich, um die Exzesse eines unter immenser Qual und schlimmem Schmerz stehenden Sterbens, weit mehr aber um das ganz normale Sterben unter den Bedingungen naturgemäßer Hinfälligkeit. Um die furchtbar banale Normalität des Verfalls also, die jeden betrifft, weil jeder sterben wird.

20

Die Folge der oben geschilderten Diesseitsobsession ist die Jenseitsverkümmerung. Im Spiel um Leben und Tod, da selbst der religiöse Mensch die letzte Phase seines Lebens selbst gestalten kann und zunehmend will, hat das Jenseits schlechte Karten, auch wenn die christliche Metaphysik des Todes – der Paradies- und Auferstehungsglaube – natürlich nicht rundherum ausgedient hat. Jedem, der sich Leben und Sterben mit christlichem Traditionsvorrat erklären möchte, wird hier mit höchstem Respekt begegnet, aber Christ zu sein heißt dieser Tage mitnichten, den Tod aus der Hand zu geben. Im Sinne des Christentums gedacht, könnte die Selbstbestimmtheit des Menschen genauso bedeuten, auch die Gestaltung der letzten Dinge personalisiert zu betrachten und dies, sagen wir es also auch personalisiert, als Auftrag meines Gottes an mich zu sehen, auch die letzte Phase meines Lebens in meine Hand zu nehmen und sie zum Teil des göttlich gewollten Menschseins zu machen. Und warum? Weil Gott an meinem Wohlergehen gelegen sein müsste. Ein Schöpfer, der Freude am Leiden seiner Geschöpfe hätte, entspräche kaum dem Leitsatz *Deus caritas est* – Gott ist die Liebe –, den auch Papst emeritus Benedikt XVI. als Titel seiner ersten Enzyklika wählte. Es sei denn, man verstünde unter Liebe Leiden, und wenn dem so ist oder jemals so gewesen sein sollte, dann wäre es dieser Tage infolge der Gleichsetzung von autonomem Leben mit Würde ein ganz und gar unwürdiges Anliegen.

Die Amtskirchen haben aus der legendären Defensive der Theodizee (da das Böse und Schlechte in der Welt freilich nicht Gottes Wille sein kann, weshalb deren Rechtfertigung intellektuell schwerfällt) sowie aus den Übersetzungsproblemen ihrer Dogmatik in die späte Moderne gelernt: Statt auf dem Jenseits zu beharren, legen sie ihr Augenmerk vermehrt auf die Caritas, im wörtlichen Sinne der Liebe Gottes als Liebe zum Nächsten. Damit folgen sie eher der Seelsorge im Sterbeprozess als dem Dogma der Erbsünde, wonach sich der Mensch als ewiger, von Gott getrennter Sünder ja nicht selbst erlösen könne. Aber der Mensch, das ist hinlänglich bekannt, vermag sich sehr wohl selbst zu erlösen – und er tut es auch. Und überhaupt: Warum sollte er es auch nicht tun, und nicht können, und nicht dürfen?

Neben dem grundsätzlichen Jenseitsverlust haben es die Kirchen mit einer handfesten außerkirchlichen und konfessionsfreien Re-Spiritualisierung zu tun.

Die Weisen der Gegenwarts-Spiritualität sind nicht automatisch an den Terminus des christlichen Gottes und die Ritualformen der Kirchen gebunden, im Gegenteil. Die Sehnsucht nach dem Tröstlichen, Heiligen, nach Gewissheiten jenseits des christlichen Bezugsrahmens ist deutlich spürbar, weit verbreitet und in stetem Wachsen begriffen. Zuletzt war die institutionalisierte Spiritualität, das klassische Aktionsgebiet der beiden Amtskirchen, zum Ritual erstarrt. Das Ritual, könnte man resümieren, bestand im Rituellen, und die Spiritualitätsentleerung des rein Rituellen führte bis Ende der 1990er Jahre oft zu kalter Formalität, da der Zugehörigkeit zur christlichen Kirche nur noch schematisch durch Taufe, Kommunion, Heirat oder Todesbewältigung Ausdruck verliehen wurde. Die Dimension des Seelischen und der personalisierten Ansprache wurde anderweitig gesucht, in freikirchlicher Mystik oder esoterischer Selbsterhebung etwa, in den zahllosen Strömungen des Erwachens und Erweckens und den vielfältigen Bewusstseinstransformationen.

Diese Re-Spiritualisierung wiederum formuliert nichts anderes als die Sehnsucht nach geglückter Ganzheitlichkeit. Der Ganzheitlichkeit wohnt ein Anspruch auf personale Würde inne. Personale Würde ist ganzheitlich gedachte Würde. Sie betrifft das Leben und das Sterben gleichermaßen. Die Entdeckung der spirituellen Dimension ganzheitlicher Würde ist nicht nur eine Behauptung der Würde-Garantie dem Sterbenden an sich, sondern im Besonderen auch sich selbst gegenüber. Die historischen Marker radikaler Individualität treffen genau hier zusammen: in der Umkehr des Individuums zu sich und seiner Rückeroberung der Sprache vom gelingenden Tod. Auch wenn dieses radikal sich um sich selbst drehende Individuum christlich sozialisiert wurde (und insofern sich selbst nicht als Maß aller Dinge betrachten dürfte), kann es bestens auch außerhalb des religiösen Kontextes leben, weil sich die spätmoderne Kultur aus dem christlichen Kontext weitgehend verabschiedet hat. Der Mensch kann außerhalb dieses Kontextes leben, wenn er die Macht, die über ihn selbst hinausgeht, als jenes Etwas, jene Bewegung, jenes Vertrauen spürt, von dem niemand genau sagen kann, wodurch es begründet ist, das aber vorhanden zu sein scheint. Für den Glauben bedarf es keiner Gottgläubigkeit, sondern des Grundgefühls, in irgendeiner Weise geborgen zu sein. Mit Religion hat das erst einmal nichts zu tun. Religionen sind Systeme, die diese Geborgenheitssehnsucht des Menschen auffangen und beantworten. Solche Erfahrungen, die fundamentale Gewissheitsgefühle konstituieren, sind nach Auffassung von Anthropologen universal und allen Menschen zugänglich.

Ohne hier in die feinstoffliche Metaphysik von Katholiken, Protestanten, Juden, Muslimen, Buddhisten, Agnostikern oder Atheisten einsteigen und an dieser Stelle die Komplexität der verschiedenen Religionssysteme reduzieren zu wollen, lassen sich dennoch einige allgemeingültige Aussagen über den Menschen in der Spätmoderne machen. Er ist auch geistig quasi der Enkel der Postmoderne, der wie jeder Enkel auf dem Traditionsbestand der Großeltern fußt und sich zugleich davon absetzt, egal, ob er religiös ist oder nicht. Die entscheidende Frage lautet: Aus welchen Quellen speist sich der Strom der Veränderung, der eine Neubetrachtung von Sterben und Tod wünschenswert und soziologisch betrachtet unabdingbar macht?

21

Nicht einmal ein Dogmatiker alter Schule käme um das statistisch belastete Spannungsverhältnis zwischen Institutionenzerfall und Lebenszuwachs herum, das mit einer gewissen Logik zur Ausweitung der Einsamkeit führt. Die klassischen Familienstrukturen bröckeln, jede zweite bis dritte Ehe wird geschieden, und der Mensch wird grundsätzlich älter, im längeren Leben aber nicht weniger krank. In der Konsequenz bedeutet das: Bündnisse gleich alter Partner werden seltener anzutreffen sein. Die Lebenserwartung der Deutschen ist zwischen 1970 und 2010 um neun Jahre gestiegen, und obwohl naturgemäß auch jene der Männer stieg, leben doch die Frauen im Schnitt fünf Jahre länger. Sie leben im Alter also oft alleine, oft einsam und immer öfter in Armut. Über die soziale Katastrophe der Altersarmut muss an anderer Stelle befunden werden, und zwar sehr kritisch, zumal das Rentenniveau in zwanzig Jahren beträchtlich unter dem heutigen liegen wird.

Die Folge eines einsamen Lebens im verlängerten Alter ist meist und noch immer der verlängerte Aufenthalt im Alten- und Pflegeheim. Und weil das verlängerte Leben im Alter einen verlängerten Sterbeprozess bedeuten könnte, bedeutet dies einen verlängerten Aufenthalt in den Heimen sowie den verlängerten

Bedarf an medizinischer Betreuung. In einer totalen Ökonomie und ihrer strammen Gewinn- und Verlust-(vulgo Kosten-Nutzen-)Logik steht die Gesellschaft der Zukunft unter anderem vor der existenziellen Herausforderung der Verteilungsgerechtigkeit im Gesundheitswesen. Parallel zur Lebenserwartung steigt das Krebsrisiko und steigen generell die Gesundheitskosten (zumal einer der Gründe für die wachsende Lebenserwartung zweifelsohne im Fortschritt von Medizin, Wissenschaft und Forschung zu finden ist). Die sogenannten Allokationsprobleme, die Verteilung der Gesundheitsgüter, werden exponentiell zum Fortschritt der Technik und der Ungleichheit der Mittel zunehmen: Wer bekommt wann welche Behandlung durch wen? Und wer bekommt die wenigen Spenderorgane, die es zu transplantieren gibt – der Sterbenskranke, der Lebende, der besser Bezahlende, der klüger Bestechende? Sind selbst Sterben und Tod das Ergebnis sozialer Ungerechtigkeit?

Jeder Mensch hat irgendwann mit Sterben und Tod zu tun, wobei es hinsichtlich der Gleichheit zwischen Sterben und Tod einen gewichtigen Unterschied gibt. Sterben ist nicht gleich Tod. Die Unterscheidung mag banal erscheinen, ist sie aber nicht. Im Tod sind alle Menschen gleich, im Sterben nicht. Der Tod ist der sozial gerechteste Vorgang, der sich vorstellen lässt, weil er auf Klassen, Milieus, Gehälter und Karrieren keine Rücksicht nimmt. Der Tod ist der größte Gleichmacher in einer auf Gleichheit, Gleichstellung und Gleichberechtigung fixierten Gesellschaft mit in jeder Hinsicht ungleichen Individuen. Der Tod ebnet soziale, kulturelle, ökonomische Unterschiede und Hierarchien ein. Ist der Tod als finaler Gleichmacher überführt, so ist das Sterben bis zuletzt eine Angelegenheit sozialer Verhältnisse. Der Sterbende hat nicht nur keinen Nutzwert, sein Vergehen zu organisieren kostet auch noch Geld. Die sozialen Modi des Sterbens sind oft die Konsequenzen der sozialen Modi des Lebens.

Weil Sterben und Tod so unterschiedlich zu betrachten sind, ist streng zwischen einer Kultur des Sterbens und einer Kultur des Todes zu differenzieren. Der Tod ist das vollzogene Sterben. Er beendet alle Machtansprüche des Lebens und des Subjekts. Er hebt alles in sich auf. Er ist das Ende der Selbstauslegung. Er ist die finale Kränkung eines vielleicht gar nicht kranken Individuums. Er hebt, bei nachhaltig garantierter Autonomie, jede tatsächliche und illusionäre Selbstbestimmung auf. Das Sterben beweist uns nicht nur unsere Hinfälligkeit und Diesseitigkeit, sondern nimmt uns die Würde des Leistungssubjekts und also des Menschen, wie wir ihn zu verstehen gelernt haben.

Besteht ein Unterschied der Lebenswelten zwischen heute und 1985, und wenn ja: Worin könnte man ihn erkennen? Wenn nicht sonst an vielerlei, so auf jeden Fall im Umgang mit den letzten Dingen. Was also zeichnet den spätmodernen Menschen gegenüber dem postmodernen aus? Der spätmoderne Mensch der Gegenwart, das müsste bis hierhin klargeworden sein, überlässt den Tod nicht länger Kirche oder Gott. Er überlässt ihn nicht mehr paternalistischer oder patriarchaler Fremdbestimmung. Er überlässt ihn weder dem Schicksal noch der Natur als solcher. Er verlegt den Tod in sich und unterwirft ihn dem Regime der Selbstherrschaftlichkeit. Er schwingt sich auf zum Herrscher des Sterbens. Er erobert sich den Tod zurück.

Die Rückeroberung des Todes hat wesentlich mit einer konventionellen Norm zu tun, die der Geschichte im Laufe der letzten Jahrzehnte entsprungen ist und den Individualisten lebensweltlich vom Leben über das Sterben in den Tod trägt: Emotionalität. Heutzutage ist das emotionale Bekenntnis als solches nicht nur hoffähig, es ist ein Ausweis psychischer Gesundheit. Jeder Mensch darf fühlen und Gefühle zeigen, was in früheren Zeiten (ob infolge soldatisch-preußischer Erziehung oder christlicher Leidensakzeptanz) verpönt und sozial geächtet war. Ja, er, der empfindende Mensch, *soll* sogar fühlen, er soll den Zugang zu seinem Innersten öffnen, sich transparent und lesbar machen. Die große Kulturleistung der Entertainmentindustrie besteht in der betriebenen Emanzipation des Emotionalen vom Rationalen, und es scheint, als nehme die Gesellschaft heute nur wahr, was emotional codiert, tragikfähig und von hohem Pathos umflort ist. Spiegelbildlich dazu zeigt sich der Wandel der Werte in der Machtergreifung der Tugenden Anteilnahme, Mitmenschlichkeit, Mitleid und Humanität.

Besteht die große Kunst einer Ars moriendi in der Entdämonisierung des Todes und der Befreiung aus den Verliesen des Tabus, wie wir hier annehmen, so scheint deren *höchste* Kunst darin zu liegen, nicht nur eine Kultur des Sterbens, sondern eine Kultur des *guten* Sterbens zu schaffen. Kann Sterben überhaupt *gut* sein? Gut im Sinne von wünschenswert wohl kaum – oder womöglich doch, denn die Vorstellung eines ewigen Lebens mag für manche erschreckend sein. *Gut* aber meint *gelingend*. Das gelingende Sterben ist eines, das dem Individuum seine Bestimmung belässt. Es bildet Instrumente für seinen eigenen Vollzug aus.

Ein Wert ist dabei von unermesslicher Relevanz und steht im Zentrum aller Überlegungen zum Leben und aller Überlegungen zu Sterben und Tod: Menschenwürde.

22

In der Idee der Würde des Menschen sind Autonomie der Person, Selbstbestimmung und negative wie positive Freiheit gedanklich vereint. Das hehre Ziel einer liberalen Demokratie besteht darin, Rahmenbedingungen für ein menschenwürdiges Leben des Einzelnen zu garantieren. Also muss auch der Umkehrschluss gelten: Das hehre Ziel einer liberalen Demokratie besteht in der Garantie auf ein menschenwürdiges Sterben des Einzelnen.

Jeder Begriff unterliegt historischer Exegese und zwingt in seiner scheinbaren Simplizität manchmal zur Verdichtung des Komplexen. Deswegen hat man ihn zeithistorisch einzubetten und in den sozialen wie kulturellen Kontext der jeweiligen Gegenwart zu stellen. Beginnen wir für die Menschenwürde im Jahr 1496.

> »Wer wünschte nicht, indem er alles Menschliche hintansetzt, die Glücksgüter verachtet und keine Rücksicht nimmt auf körperliches Wohl, ein Gast der Götter – noch während er auf Erden lebt – zu werden und trunken von dem Nektar der Ewigkeit als sterbliches Geschöpf mit der Gabe der Unsterblichkeit beschenkt zu werden?«

So fragte eingangs der Renaissance der italienische Philosoph Pico della Mirandola in seiner *Oratio de hominis dignitate,* die ihm als Vorrede zur großen Disputation über die Stellung des Menschen in seiner Zeit diente. Die Geistesgeschichte hat gelehrt, diesen Text als Auftakt des Humanismus zu betrachten und ihm zufolge die Würde des Menschen in der menschlichen Willensfreiheit zu erkennen. »Gast der Götter« zu sein, wie Pico vorschlägt, wäre natürlich ein herrliches Ereignis und auch allen Ungläubigen zu wünschen. Über die Dialektik des Christlichen und das Dogma des Leids ist bereits hinlänglich spekuliert worden, weshalb hier – ob disputationsfähig oder nicht – als Einleitung zu einer Kunst des guten Sterbens der programmatische Satz firmieren soll: Menschenwürdig leben heißt menschenwürdig sterben. Menschenwürde ist Sterbenswürde.

Wie soll Sterbenswürde definiert, wie ausgelegt, wie in den Alltag übersetzt werden? Auf alle Fälle als eine Philosophie der Schadensvermeidung. Dem Menschen soll zeit seines Lebens wie Sterbens nichts geschehen, was ihm schadet, was sein Leben verkürzt oder unnötig verlängert. Was vom Leben bleibt, soll, so lang, so umfangreich und so, wie dies möglich ist, selbst gestaltet werden. Die Ausdehnung der Menschenwürde auf Sterben und Tod sieht einen Begriff von Würde vor, der sich qualitativ von allem bisherigen unterscheidet. In der Endmoräne einer historischen Entwicklung wird seit etwa fünfzehn Jahren die Norm der *Menschenwürde* nicht mehr eindimensional theoretisch aufgefasst, sondern praktisch als Zuschreibung von Würde, zu der ebenso körperliche, psychische wie soziale Aspekte gehören.

Sterbenswürde als angewandte Menschenwürde formuliert folgenden Auftrag an eine humanistische Gesellschaft: Es gilt, nicht nur lebensbejahende, lebensfrohe, forever-young-Kultur zu gestalten, sondern sich zugleich in den Tod einzuüben. Um es etwas gespreizt zu sagen: das Sterben zu antizipieren und das antizipierend zu gestalten, was sich vor dem Tod bis hin zu demselben abspielt.

Synonym für die Menschenwürde einer neuen Ars moriendi könnte ein durchaus altertümlich klingender Begriff sein, der dennoch zeitgemäß ist und mit den Attributen des Glücks assoziiert wird: Wohlergehen. Wohlergehen ist verschwistert mit Lebenszufriedenheit, und wenn Psychologen neuerdings Lebenszufriedenheit als Parameter für Glück ausmachen, so könnte dem die Sterbenszufriedenheit als Maßstab für Würde entsprechen. Denn darum geht es ja auch im Horizont des Todes – um Glück, nicht wahr?

Die antiken Theoretiker hatten stets darauf beharrt, Glück als höchste Tugend der Vernunft zu erkennen, die mittelalterlichen Theologen verlegten es in die Erhabenheit Gottes, aus der es die Rationalisten der Neuzeit wieder befreien mussten. Die Folge war das säkularisierte Reich des Diesseits. Als Grundlage für jede Selbstbeschreibung und Weltwahrnehmung wurde, wie geschildert, die instrumentelle, zweckrationale, teleologische Vernunft etabliert, deren inhärentes Wesen sich in Innovation und technologischem Fortschritt ausdrückte – welcher bekanntlich nicht nur zur unbemannten Raumfahrt, zur Atombombe und zu zwei höllischen Weltkriegen geführt hat, sondern auch zum Mensch-Maschinen-Paradigma der Optimierungsepoche. Als maßgebliche Bedingungen für die

Glückserfüllung des Einzelnen, teilt uns nun die akademische Glücksforschung mit, werden nicht mehr fiskalische und pekuniäre Parameter, ökonomisches Wachstum und materieller Wohlstand angesehen, sondern umgekehrt: Das Glück der Menschen, ihr Wohlbefinden wird als maßgebliche Bedingung für den ökonomischen Wohlstand einer Gesellschaft begriffen. Eine kopernikanische Wende? Ganz ohne Zweifel. Für die Glückserfüllung ist nicht mehr die sture Anhäufung von Gütern entscheidend, sondern es sind dies die genetischen, sozio-demographischen, kulturellen und politischen Bedingungen für eine hohe Lebenszufriedenheit. Die hohe Wertschätzung sozialer Bindungen hat die Hochwertigkeit des Einkommens insofern ersetzt, als es dem zeitgenössischen Individualisten jetzt um Wohlbefinden geht. Wohlbefinden oder Wohlergehen ist etwas anderes als Wohlstand. Wohlbefinden hat zwar genauso wie Wohlstand mit dem »Stand«, dem Status zu tun: mit Arbeit, Gehalt und Rentensicherheit. Sehr viel mehr aber hat es mit individuellen, gar individualistischen Motiven zu tun: Selbstentfaltung, Selbstverwirklichung, Selbstbestimmung.

Der Liberalismus (nicht in seiner politischen Organisationsform, sondern als philosophische Haltung zur Welt) hat über die vergangenen Jahre hinweg ein Menschenbild produziert, das liberal insofern ist, als es ein maßgeblich auf der Handlungsfreiheit des Individuums basierendes Konzept der personalen Würde vorstellt. Es ist die Annahme einer partikularisierten und pluralistisch organisierten Gesellschaft, die ihre Belange keiner Moral unterwirft, sondern mit konventionellen Ansprüchen an gute Sitten und sich wandelnde Werte das tut, was dem humanistischen Weltbild entspricht: den höchsten Sinn des Lebens im individuellen Wohlergehen zu erblicken. »Unser höchstrangiges Interesse liegt darin«, vermerkt der Philosoph Wolfgang Kersting, »ein Leben zu führen, das wir für wertvoll erachten, das unseren Vorstellungen von einem guten Leben entspricht.«

Wenn der Wert ›Wohlergehen‹ die Prüfung seiner Übersetzung als Menschenwürde bestanden hat, ließe er sich eben auf den Prozess des Sterbens und die Tatsache des Todes anwenden. Man könnte sagen: Wohlergehen definiert die Untergrenze der Menschenwürde und stellt die Frage: Was ist menschenunwürdig? Wie soll *nicht* gestorben werden? Es dürfte allgemeingültige Maxime sein, dass die Abschiebung eines Sterbenden in den Waschraum, das Wegschließen und Nichtreagieren auf Schmerzen und Ängste als Unwohlergehen bezeichnet werden kann. Die Prinzipien einer Ethik der Sterbenswürde bestünden folglich darin, niemanden mehr ersticken zu lassen, niemandem einen dauerhaften Zustand der Übelkeit zumuten zu müssen, niemanden solch starken Schmerz haben zu lassen, dass er schreien muss. All das ist möglich und machbar. All das wird versucht und angeboten. All das zielt auf kurative Sterbebegleitung, all das wäre praktizierte Humanität. Das Wohlergehen des Sterbenden als Leitmotiv der Sterbenswürde nimmt dem Sterbenden die Angst vor dem Sterben, die, hat man sich mit der eigenen Endlichkeit abgefunden, eine Angst vor Schmerzen ist. Der Dämon des Sterbens ist der Schmerz. Jeder, der sich mit dem Skandal der Sterblichkeit abgefunden hat, wird das Endziel seines Lebens in der Schmerzfreiheit erblicken.

Introspektion 3

Will ich vielleicht irgendwann einfach gehen? Hat sich das Leben an einem bestimmten Punkt schlichtweg erschöpft? Oder muss ich die finale Kränkung hinnehmen, etwas, dem Ende nämlich, ausgeliefert zu sein, ohne grundsätzlich etwas *gegen* dieses Ende beziehungsweise etwas *für* das Leben tun zu können, indem ich es festhalten und nicht *gegen* das Nichts eintauschen will? Muss ich mein Ende bis zum Ende ertragen?

Wenn das Leben denn ausläuft und sich nicht in den Tod hineinkrampft (was die größte Angst aller Lebenden ist: Qual, Leid, Schmerz und Kampf bis zur letzten Minute), soll es mir recht sein. Wenn es anders kommt, will ich vorbereitet sein. Wer sich mit Sterben und Tod auseinandersetzt, kennt den blinden Fleck des Menschen, der weiß, dass der Tod sicher ist, seine Stunde aber ungewiss. Er weiß, dass er in den Kampf gegen den Tod ziehen muss, er ahnt es womöglich, er spürt den kritischen Zustand des Umschlagens, wenn er abzusterben beginnt, und dann, um den letzten seiner Tage herum, wenn er sich das wartende Ende vielleicht eingestanden hat, wenn er seinen Willen domestiziert und sich (oder eben auch nicht) mit dem Ende arrangiert hat, ist es oft zu spät, das in den Tod geratende Sterben gelingend zu gestalten. Aus dem Leben zu scheiden in Unfreiheit, in der Verzweiflung über mein Scheitern, im Krampf eines würdelosen Abgangs – ich halte das für eine fürchterliche Vorstellung.

Ich weiß nicht, ob ich in zwei, zwanzig, vierzig oder sechzig Jahren den Wunsch verspüre, mir das dann womöglich nicht mehr lebenswerte Leben zu nehmen, und ob ich unendlich dankbar sein werde, dass jemand, jemand Vertrautes, irgendjemand, ein aus dem Nichts gesandter Jemand, mir mein Leben zu nehmen hilft und ich beschließen werde, jemanden Bestimmten oder Unbestimmten mit meiner Unterschrift zu ermächtigen, mir das mir dann womöglich lebensunwert erscheinende Leben zu nehmen, solange mein Verstand durch die Kraft meiner Hand meinen Namen unter eine Verfügung setzen lassen kann. Ich weiß nicht, ob ich mich überhaupt auf meinen Verstand verlassen kann, ob ich mein eigenes Misstrauen ihm gegenüber merken, und wenn ja: ob ich es mir selbst eingestehen würde.

Immer schon vertrete ich die Ansicht, dass niemand und keine Institution das moralische Recht besitzt, über meinen Tod und also über mich zu bestimmen, erkenne aber sehr wohl die Schutzbedürftigkeit jener durch Staat und Gesetz an, die im schlimmsten Fall nicht mehr steuerungsfähig sind und zum Opfer einer für Angehörige bequemen und billigen Todeslösung werden könnten, weil ihr schwerstkrankes Leben aufrechtzuerhalten Mühe, Zeit, Zuwendung und Geld kostet und Zeit, Zuwendung und Geld problematische Anforderungen in einer Epoche permanenter Zeit-, Zuwendungs- und Geldnot sind.

Wenn ich befinde, mein Leben sei nicht mehr lebenswert, will ich es mir nehmen dürfen. Ich will mich nicht damit abfinden, dass ich zweimal in einer existenziellen Ohnmacht befangen bin, weil ich es als Sinn meines Selbstseins erachte, selbstbestimmt und selbstmächtig zu sein, obwohl ich selbst keinesfalls weiß, ob es dabei einen freien Willen gibt oder ob eine irgendwie zustande kommende Determiniertheit durch neurophysiologische Prozesse meinem Willen vorgelagert ist. Auf meine Zeugung und Geburt hatte ich keinerlei Einfluss, ich war den Umständen, dem Ort, dem Zeitpunkt meines Existenzwerdens ausgeliefert, ich war meinen Eltern ausgesetzt (und bin, persönlich gesagt, bis heute sehr glücklich über diese Eltern, über Zeit und Ort meiner Geburt, und bin es wissend, dass das gesamte Arrangement meiner Existenz hätte unter ganz anderen Koordinaten gesetzt sein und ich mir in jungen Jahren psychische Traumata hätte zuziehen können, die mich mein Leben lang in Düsternis oder in Abspaltung meiner selbst gehalten hätten).

Faktisch war meine Geburt ein Akt der Unfreiheit: Ich konnte mich nicht gegen das Sein entscheiden. Ich hatte keine Wahl. Für diesen einen Fall bin ich freilich überaus dankbar – sich vorzustellen, nicht geboren worden zu sein, ist eine so lächerliche wie herrliche Phantasieaufgabe.

Mein Tod aber soll ein Akt der Freiheit sein. Ich will mich gegen das Sein entscheiden können, wenn sich das Sein gegen mich entschieden hat. Ich will die Freiheit der Wahl haben. Ich will mich umbringen dürfen. Ich sehe nicht ein, dass mir von Staat oder Gesellschaft oder den Exegeten Gottes ein Recht erteilt oder verwehrt wird, zu gehen, wann ich gehen will, in Würde und Wohlergehen, weil niemand außer mir entscheiden kann, wann beides gegeben ist. Wenn ich, sagen wir, im Alter von fünfundachtzig Jahren eine akute Niereninsuffizienz erleide – kündigt sich damit dann der natürliche Tod an? Soll ich in diesem Augenblick wollen, dass Ärzte mich retten und in ein Leben zurückholen, das ohne diese Rettung nicht mehr möglich wäre? Und was bliebe mir an Lebensqualität und Wohlergehen im Alter von sechsundachtzig, wenn ich nach der Insuffizienz aller Voraussicht nach nie mehr ein normales oder selbstverfügendes, ja selbstherrschaftliches Leben werde führen können? Was wäre der Sinn des Daseins nach dem Versagen der Niere? Gemäß des hippokratischen Eids und des ärztlichen Ethos würde man mich womöglich zwangsernähren und zum Trinken zwingen. Wo Zwang ist, wird Würde verletzt. Ich könnte ja auch sagen, ich werde gegen meinen Willen zwangsernährt, also erleide ich eine Vergewaltigung, wenn Ärzte sterbendes Leben nicht sterben lassen können. Für mich, wie für die meisten, ist es eine ganz und gar unerträgliche Vorstellung, nicht sterben zu dürfen und zu können, wenn der Moment gekommen ist, an dem Irreversibilität in Finalität übergeht und jede Bewegung, jede Energie und Hoffnung auf was auch immer verlorengeht.

Wenn ich selbst nicht mehr gehen und mich artikulieren kann, weil ein Tumor mein Rückenmark oder Hirn befallen hat und ich mit Morphium sediert in einem (und hoffentlich meinem) Bett liege, werde ich wollen, dass man mir zu gehen hilft. Wenn ich nicht mehr fähig bin, mir das Leben zu nehmen, weil ich es als nicht mehr lebenswert erachte, bin ich also auf einen anderen angewiesen, der es mir zu nehmen hilft. Es könnte aber auch die Situation eintreten, dass ich nicht mehr Herr meiner Sinne bin und mir ein anderer mein Leben nehmen muss, weil er es soll. Er könnte es tun, weil ich ihn vor einer möglichen Paralyse oder Demenz oder dem Ausfall meiner Großhirnrinde damit beauftragt habe. Er könnte es aber auch gegen meinen Willen tun, während ich nicht mehr in der Lage bin, meinen Willen zu äußern. Das erste Ereignis geschähe mit meiner, das zweite gegen meine Zustimmung. Das erste wäre aktive Sterbehilfe, das zweite Mord. Wenn ich mir vergegenwärtige, dass ein mir fremder Jurist darüber entscheiden müsste, ob mir mit meinem oder gegen meinen Willen mein Leben genommen wurde, wird die rechtliche und ethische Grauzone der Sterbehilfe deutlich, und ich könnte zum heutigen Zeitpunkt nicht sagen, ob ich den Fall in zwanzig oder dreißig oder vierzig Jahren ähnlich sehe. Heute aber denke ich ohne Zweifel: Jeder Mensch hat das Recht zu leben und jeder Mensch hat das Recht, nicht zu leben, wenn er es will. Präziser müsste es heißen: Jeder Mensch hat das Recht, selbstbestimmt zu leben und selbstbestimmt zu sterben. Jeder Mensch muss über sein

Leben und seinen Tod selbst verfügen können (auch wenn er es dann nicht tut), und niemand anderer als er selbst hat darüber zu befinden, wann sein Leben lebenswert und aufgrund welcher Umstände für ihn Wohlergehen gegeben oder nicht gegeben ist. Von nichts und niemandem, also in keiner Weise instrumentalisiert zu sein – besteht in diesem Ideal nicht das größte Glück im Leben? Und besteht nicht zugleich in der Hoffnung auf dieses Ideal die größte Gefahr, weil kein Mensch ausschließlich selbstbestimmt ist und die Erwartung ständiger Selbstbestimmung im besten Fall zur kränkenden Selbsttäuschung, im schlechtesten zu selbstzerstörerischem Fanatismus führen könnte?

Wenn mir das Schicksal einen in seinem Wachstum nicht mehr zu stoppenden Tumor zufügt, wenn der Krebs meine gesamten Eingeweide zerwühlt, die Zellen wuchern und dumm werden lässt, wenn mir das Leben – *mein* Leben, als Resultat *meiner* Lebensführung – eines Tages die Hirnarterie platzen oder ein Aneurysma bersten lässt, wenn das Sprachzentrum oder die Großhirnrinde mit ausgesickertem Blut angefüllt und zerstört ist, will ich wünschen dürfen, dass man mir in der Agonie der vom Schicksal verwehrten Selbstherrschaft beim Sterben hilft – passiv, soweit ich selbst noch Tatherr sein kann, indirekt aktiv, soweit es nötig ist, aktiv, wenn dies die Ultima Ratio sein sollte. Mein guter Tod wäre mir teuer. Ich würde meinen letzten Heller und Pfennig, vulgo Euro und Cent, für die Assistenz meines Suizids geben, wäre Tötung auf Verlangen dereinst erlaubt. Und ist sie es noch lange Zeit nicht, so würde ich ohne weiteres meinen Tod dort suchen und organisieren, wo man mich nach meinem Wunsche sterben lässt. Würde man in den letzten Sekunden seines Lebens auf die Berge rund um den Zürichsee blicken, wäre das keinesfalls ein übler letzter Blick …

Man mag einwenden, aus diesen Zeilen spreche an keiner

Stelle christlicher Geist und christliche Demut dem Leben gegenüber. Diese Einschätzung ist vollkommen richtig, wobei mit keiner Silbe gesagt ist, dass ich in meiner Haltung zum Tod nicht auch ein gläubiger Christ sein könnte. Vielleicht unterscheiden sich an dieser Frage der literale und der weltliche Christ, jener, der das Wort der Bibel und die Worte der Bischöfe höher stellt als sein eigenes Empfinden. Ich würde mit dem letzten Nicken, zu dem ich in der Lage bin, dem Assistenten meines Suizids die Erlaubnis geben, den Kopf der Spritze nach unten und das Pentobarbital in meine Vene und mein Leben in den Tod zu drücken. Für mich setzt die Entscheidung zum Suizid die klare Erkenntnis voraus, dass ich die Zukunft verloren habe. Natürlich könnte der Eindruck des Zukunftsverlusts auch mit einer Depression begründet sein, obwohl ich, nach Lage der Dinge, nur eine geringe Veranlagung zum Depressiven habe, aber natürlich keineswegs weiß, welche seelischen Verletzungen und Belastungen im Laufe meines kommenden Lebens noch eintreffen und mich dann eventuell depressiv werden lassen. Und selbst wenn mein Sterbenswunsch, das Gefühl eines existenziellen Zukunftsverlusts durch eine Depression begründet sein soll: Warum sollte ich dennoch nicht sterben dürfen, wenn ich es will? Wer hat das Recht und einen hinreichenden Grund, meinen Willen in Frage zu stellen? Es könnte doch auch sehr wohl sein, dass jedes Weiterleben nach einer therapeutischen Domestizierung meiner Depression nichts als Qual für mich wäre, fortgesetztes Leid, dass die Unlust zu leben zwar keine Lust zu sterben ist, aber aus dem gefühlten Zukunftsverlust im Alter der eigentliche Sinn des verbleibenden Lebens nur noch in einem gut geregelten Tod besteht. Und weil es zugegebenermaßen Fälle gibt, in denen der Sterbewillige nicht mehr Herr seiner Sinne und seines Verstandes ist, kann mich das doch nicht abhalten,

mein Leben auf eine Art zu Ende zu bringen, wie ich es für richtig halte.
Ich weiß nicht, ob ich irgendwann weiß, dass ich gerade sterbe. Über Katzen und Hunde sagt man, sie wüssten, wann der Tod über sie kommt, und verzögen sich an einen ruhigen Ort. Über Menschen anderer und archaischer Kulturkreise ist bekannt, dass sie zum Sterben fortgehen, in Selbstverantwortung für sich und in Verantwortung der Gemeinschaft gegenüber, den Nächsten nicht mit dem eigenen Tod zu belasten. Diese Haltung beeindruckt mich, aber ich selbst wüsste nicht, wohin ich zum Sterben gehen würde und ob ich dies in aller Einsamkeit tun wollte. Jedenfalls gibt es bis heute mindestens zwei Orte auf der Welt, an denen zu sterben ich mir vorstellen kann und will und die ich nur denen nenne, die ich ins Sterbensvertrauen ziehen werde. Zu wissen, dass es jene Orte gibt, beruhigt mich ungemein und lässt mich, selbst bei der Vorstellung meines eigenen Todes, in zarter Zufriedenheit lächeln, dass der in mir (wie in jedem anderen) wohnende Schrecken des Sterbenmüssens der Vision eines schönen Traums weicht.
Vielleicht sollte man sich zu guten und gesunden Lebzeiten einen Sterbensort aussuchen, wo auch immer er ist, und vielleicht sollte man den Plan finanziell und organisatorisch so absichern, dass der letzte Moment des Lebens, geht er noch so sediert vonstatten, ein Höhepunkt wird. Meine Hoffnung zu Lebzeit setze ich in Menschen, die meinen Wunsch eines Sterbeorts kennen und mir, sollte ich nicht mehr steuerungsfähig sein, diesen Wunsch mit der Macht der Verantwortung, die im Vertrauen zueinander geborgen ist, erfüllen.
Am Ende bleibt von allem doch nur das Immergleiche, das kommt, und jenes, das nicht mehr kommt. Die ewige Wiederkehr des ewig Wiederkehrenden. Der Mythos vom Sisyphos. Eine andere, ebenfalls faszinierende Geschichte.

23

Die Entdämonisierung des Todes durch Sterbenswürde entspricht der Entdämonisierung des Schmerzes beim Sterben. Die Angst vor dem Schmerz, dessen Dimension man in schmerzfreiem Zustand nicht antizipieren kann, ist die Angst der Ohnmacht, den Schmerz bändigen zu können. Der Schmerz ist in jedem noch so gut trainierten Körper potenziell angelegt, und niemand kann im Fall einer jederzeit möglichen Krebserkrankung die Qual der Atemnot und des Zerfalls für sich ausschließen. Schmerz ist Schicksal, Sinn macht er nicht. Sinn macht seine Linderung. Nur: Entspricht die Zugabe von Pharmazeutika nicht exakt dem oben kritisch betrachteten Prinzip *Corriger la fortune?* Wenn Schmerzlinderung in der Arzneigabe besteht, ist dies als Eingriff in den Naturverlauf zweifelsohne eine Korrektur des Schicksals. Sie untersteht jedoch nicht den Motiven ökonomischer Rationalität, sondern palliativer Humanität. Dem Streben nach Steigerung ist somit das Streben nach Linderung entgegengesetzt. Ein wesentlicher, entscheidender Unterschied.

Der Eingriff des Menschen in sein Sterben durch korrigierende Linderung stellt den Determinismus göttlicher Fügung in Frage. Gott als allumfassender Schöpfer und Töter, der alleinverantwortlich gibt und nimmt, hat in dem Moment seine Alleinherrschaft verloren, da der Mensch sein Schmerzschicksal selbst korrigiert. Es ist eine merkwürdige Ambivalenz der Menschenliebe, die dem Palliativen innewohnt: Indem sich der Mensch ermächtigt, über das Sterben zu bestimmen, erweist er sich als menschenliebender denn Gott, der dem vergehenden Leben furchtbaren Schmerz zumutet. Sollte denn in der Hinnahme des Schmerzes die Eignung zum Jenseits erkannt werden? Und sollte im unbedingten Gehorsam gegenüber dem göttlichen Willen die Legitimation des Christseins stecken? All das wirkt schlecht begründbar und kann sich freilich nur dadurch rechtfertigen, dass die theologische Fiktion eines Allmächtigen um jeden Preis aufrechterhalten wird. Aber welche Daseinsberechtigung hätte der Schmerz, wenn es keine Begründung für seine Sinnhaftigkeit gibt?

Schmerzlinderung ist die hohe Kunst der Palliativmedizin. Durch sie wurde die Gesellschaft ab Mitte der 1980er Jahre zum ersten Mal mit der ethischen Frage behelligt, wie man mit Sterbenden umgehen, ob man Sterben und Tod wirklich ausgrenzen, ob man den gestorbenen Menschen tatsächlich als zu entsorgenden Gegenstand auffassen will. Seither wird jeder Einzelne mit der Frage konfrontiert, wie er sterben will, weil jeder Einzelne dieser sterbende und dann gestorbene Mensch sein wird. Das Palliative erlöst präventiv vom Gedanken eines leidvoll antizipierten Lebensendes und rettet den unheilbar kranken Menschen vor seiner Schmerzangst. Die Möglichkeit zur Schmerzlinderung im Sterben macht das Unvermeidbare erträglich. Palliativmedizin hat mit der handelsüblichen Schicksalskorrektur der Optimierungsideologie deswegen nichts zu tun, weil Sedativa nicht eingreifend und verändernd korrigieren, sondern nur lindern, und weil sie während des Linderns den natürlichen Prozess des Sterbens nicht beeinflussen.

In naturwissenschaftlicher Hinsicht gibt es keinen

Zweifel, dass die Schmerzbekämpfungsmedizin im vergangenen Jahrzehnt sukzessive wirkungsvoller geworden ist. Unter Palliativmedizinern herrscht Konsens, in vielen, gar sehr vielen Fällen schmerzfreies Sterben gewährleisten zu können – abgesehen von der Tatsache, dass auch die beste Medizin niemals Garantien ausgeben kann, sondern stets ein Wagnis bleibt. Dass ihr Licht trotz allem noch immer unterm Scheffel steht, könnte an der fehlenden Selbstpopularisierung der Palliativmedizin liegen. Wäre es in der Einübung des Sterbens nicht das konventionelle Recht jedes Einzelnen, von einem schmerzfreien Sterben zu wissen? Allzu oft überformt das Bild eines leidgeplagten, in großer Hilflosigkeit dem Verfall ausgelieferten jenes des palliativ begleiteten und schmerzsedierten Sterbens.

Eine der größten Ängste vor dem Sterben ist die Angst, dem Ersticken hilflos ausgesetzt zu sein. Früher war das Ersticken nicht zu umgehen, Ärzte hatten in einer ganz bestimmten Phase des nicht mehr vermeidbaren Sterbens das qualvolle Ersticken ihres Patienten zuzulassen. Interessanterweise beobachten Mediziner und Psychologen, dass im Vordergrund der Sterbensangst aber gar nicht die Atemnot als solche, sondern die Angst vor ihr steht, die Angst vor einem Ende in Krämpfen, die Angst, die Qual und den Krampf nicht beeinflussen zu können. Die Erfahrung von Medizinpsychologen ist durchaus verblüffend: Viele Atemhindernisse haben oft keine pathophysiologischen Ursachen, sondern sind das Resultat eines komplexen Zusammenspiels von psychosomatischen und pathophysiologischen Elementen. Die Palliativmedizin wirkt medikamentös auf die Angstsymptome ein. Durch die Gabe von Anxiolytika und Sedativa lässt sich das Gefühl der Extremerstickung aus der realen Existenz- und Wahrnehmungswelt eliminieren – und zwar derart gezielt, dass dadurch nicht notwendigerweise der Tod eintritt. Mediziner kennen mittlerweile exakt jene Präparate, die Angst lösen und keine Atemlähmung bewirken. Sie kennen die Präparate, die den Patienten nicht umbringen, sondern ihn so sedieren, dass er auf natürlichem Wege weitersterben kann. (Was freilich keine Medizin der Welt verhindern kann, ist die Abhängigkeit von anderen, der eigene Kräftezerfall, das Gefühl des Lästig- und Überflüssigseins im Alter und die besagte Einsamkeit, der man, wenn überhaupt, dann psychotherapeutisch entgegenwirken könnte.)

Im Glauben an die die Beherrschbarkeit des Dämons greift der selbstherrschaftliche Zeitgenosse – in weiser Voraussicht oder als Ausdruck der Sterbenswürde – aktiv in sein Ende ein. Sedation und Schmerzlinderung ermöglichen ihm vielleicht kein ewiges Leben mehr, aber ein gelingendes Sterben.

24

Dass der Mensch dem Tod ins Leben zurückzukehren gestattet, hat auch mit der Selbstmächtigkeit zu tun, seine Umstände weitgehend selbst bestimmen zu *können*. Wer in der Lage ist, den Grad der sein Sterben begleitenden Schmerzen zu regeln, begibt sich leichter in die Sterbebegleitung. Neben Entkirchlichung, Autonomieprinzip und Selbstbestimmungshoheit des Individuums ist *Palliative Care,* wie es im britischen Original heißt, der entscheidende Pfeiler des behaupteten Kulturwandels. Dessen Entwicklung hat innerhalb einer Dekade enorm an Fahrt gewonnen, und seit im vergangenen Jahrfünft die Palliativmedizin auch ambulant möglich wurde, ist der Wunsch vieler (wenn nicht fast aller) Menschen, in der Heimat, im eigenen Raum, in Gegenwart der Angehörigen, von Familie umsorgt, in Trautheit und Vertrautheit, in aufgehobener Zeit, nötiger Ruhe und angemessener Manier sterben zu können, so gut erfüllbar wie nie zuvor. Nach Auffassung der Weltgesundheitsorganisation verbessert Palliative Care die Lebensqualität schwerstkranker Menschen und ihrer Angehörigen durch Verhinderung wie Linderung von Leid mittels einwandfreier Schmerzbehandlung sowie Verhinderung und Linderung psychosozialer und spiritueller Probleme. Palliative Care betrachtet das Sterben als normalen Prozess und strebt weder eine Verkürzung noch Verlängerung des Lebens durch Verschiebung des Todes an. Sterbensqualität ist Lebensqualität, die sich im besten Fall positiv auf den Verlauf einer Krankheit auswirken kann.

Das Wohlergehen des Menschen ins Zentrum einer Sterbenswürde zu stellen heißt nicht nur, Schmerzfreiheit, sondern auch die Möglichkeit ins Auge zu fassen, die eigene Persönlichkeit als Ergebnis des biographischen Selbstmanagements möglichst lange in gewohnten Koordinaten wahren zu können. Man könnte sagen: Die Kunst des guten Sterbens ist praktizierte Euthanasie im Sinne ihrer antiken Bedeutung. Dennoch hatte die Palliativ- und Hospizbewegung in

Deutschland bis in die 1990er Jahre hinein mit großen Widerständen zu kämpfen. Euthanasie war und ist durch den katastrophalen Krankenmord der NS-Diktatur ein absolut kontaminierter Begriff und bis heute eine verbale Moralkeule, deren Hieb kein Deutscher ausweichen kann, deren Schlag schattmatt setzt, ohne die Bedeutungsgeschichte jenseits der dunklen deutschen Jahre ins Auge zu fassen und den Geist des Wortes im ursprünglichen Sinne zu vergegenwärtigen (so man nicht schlichtweg darüber glücklich ist, alle weltanschaulich unangenehmen, die eigene Ideologie in Frage stellenden Diskurse mit dem bloßen Wort *Euthanasie* von vornherein erstickt zu haben). Institutionen, deren Sinn allein im Sterben – einem wie guten und gelingenden auch immer – ihrer Kunden besteht, erfuhren in den christlichen Amtskirchen und in der für amtskirchliche Verdikte empfänglichen Gesellschaft lange Zeit (und erfahren heute sicher noch immer) erhebliche Vorbehalte als reine »Tötungsanstalt«.

In den angelsächsisch geprägten Ländern Kanada, den USA und vor allem Großbritannien – dem Geburtsort des Hospizwesens – setzte sich Palliative Care viel früher, nämlich seit den späten 1960er Jahren, durch und schwappte im Verlauf der folgenden Jahrzehnte auf den europäischen Kontinent über – durchaus aus dem Geist christlicher Nächstenliebe heraus, wohlgemerkt, den die Londoner Ärztin und Krankenschwester Cicely Saunders, als sie 1967 in London das St. Christopher's Hospice gründete, als Geist der Barmherzigkeit in die immer unbarmherziger werdende Welt gebracht hat. Leitmotive der seither entstandenen Sterbehospize in aller Welt sind Wille und Wohlergehen des Sterbenden. Die Verweigerung von

Paternalismus und der Festlegung darauf, was *allgemeingültig* würdevoll sein soll, ermöglicht die *individuelle* Aussage jedes Einzelnen darüber, was er als für sich würdevoll erkennt. Das ist, zweifelsohne, ein erheblicher Perspektivenwechsel. In seinem Zentrum stehen also nicht der Tod und die Entsorgung des Toten, sondern steht der noch lebende Mensch als sterbender.

Die Ethik der neuen Ars moriendi besteht im Zuschnitt eines passgenauen Sterbens. Sie erinnert an eine der Lehrreden des Buddha und kommt der Suche nach fernöstlicher Inspiration vieler vom eigenen Glauben enttäuschter Bürger der westlichen Hemisphäre sehr entgegen. Im *Kalama Sutta* heißt es:

> »Geht, Kalamer, nicht nach Hörensagen, nicht nach Überlieferungen, nicht nach Tagesmeinungen, nicht nach der Autorität heiliger Schriften, nicht nach bloßen Vernunftgründen und logischen Schlüssen, nicht nach erdachten Theorien und bevorzugten Meinungen, nicht nach dem Eindruck persönlicher Vorzüge, nicht nach der Autorität eines Meisters! Wenn ihr aber, Kalamer, selber erkennt: ›Diese Dinge sind unheilsam, sind verwerflich, werden von Verständigen getadelt, und, wenn ausgeführt und unternommen, führen sie zu Unheil und Leiden‹, dann, o Kalamer, möget ihr sie aufgeben.«

So schwierig der Hospizgedanke anfänglich in Deutschland zu denken war, so deutlich ist jetzt festzustellen, dass über die Implementierung der Hospizkultur in den Krankenhäusern nicht nur nachgedacht, sondern konkret geredet wird. Mittlerweile kann man eine große, aber noch lange nicht ausreichende Zahl von Angeboten stationärer und ambulanter Palliativmedizin loben – neben gemeinnützig organisierten Sterbehospizen auch in Krankenhäusern deutscher Großstädte. Dass palliativmedizinische Behandlung in der Republik noch lange nicht flächendeckend möglich ist und dass Schätzungen zufolge in manchen Bundesländern ein einziges Palliativbett auf eine Million Einwohner gerechnet werden muss, kommt einem Skandal ebenso nahe wie die Tatsache, dass die deutschen Krankenkassen für ambulante Palliativversorgung im Schnitt nicht einmal ein Prozent ihrer jährlichen Ausgaben erübrigen. Infolge dieses strukturellen Mangels ist weiten Teilen der Bevölkerung gar nicht bekannt, was Palliativmedizin zu leisten imstande ist, warum häusliches Sterben weit kostengünstiger ist und wie professionelle Sterbebegleitung mit Ängsten und Gebrechen umgehen kann. Mehr noch: wie menschenwürdiges Sterben tatsächlich selbst gestaltet zu werden vermag und dass ein Hospiz Wohlergehen und Anteilnahme bedeutet. Niemand wird fallengelassen, niemand verlassen. Der Mensch wird in seiner Einzigartigkeit als Mensch gesehen, nicht als Kranker, nicht als Tumorträger, nicht als künftig Toter. Stets ist jemand da, ein *Mensch,* ein anderer, eine oder einer, die oder der zuhört und schweigt und für den unheilbar Kranken, während der Tod sich ihm entgegenarbeitet, existenzielle Geborgenheit vermittelt: eine Menschendienstleistung aus dem Geist der Fürsorge und Gelassenheit, der Ruhe und des Raums, der Zeit und Dauer, der direkten Betreuung und aufgehobenen Verbote, sollte der letzte Wunsch des Sterbenden etwa der cognacgetränkte Zigarillo oder eine Lammhaxe sein.

Die Einzigartigkeit des häuslich geborgenen Einzelnen in dieser Intensität kann kein Krankenhaus leisten, weil kein Krankenhaus sich diesen Aufwand an Menschlichkeit leisten will (oder kann oder beides), auch wenn einzelne Ärzte und Pfleger dies ohne Frage gerne täten. Und wie lange sich die Kranken*kassen* die hospizische Betreuung leisten wollen, steht erstens in den Sternen des demographischen Wandels, der immer mehr Alte und also auch immer mehr Kranke hervorbringen wird; und erhält zweitens durch das Handbuch des Krankenversicherungsrechts, das dem Aufenthalt im Hospiz die stationäre Pflege im Krankenhaus vorzieht, eine bemerkenswerte Abwertung.

Für die Gesundheitsindustrie – wenn der etwas platte Dualismus gestattet sei – ist menschenwürdiges Sterben weder lukrativ noch gewinnbringend und also bedrohlich. Sie will behandeln. Sie will Hoffnung auf Heilung suggerieren und das sterbende Leben verlängern. Alter und Krankheit sind ideale Reservate der Renditesteigerung. Mit natürlich und unbehandelt Sterbenden lässt sich kein Gewinn erzielen. Der ökonomische Sog unterzieht also nicht nur das lebendig-gesunde, sondern auch das schwerstkrank-sterbende Leben einem strengen Kosten-Nutzen-Kalkül. Sterbende, hieß der Glaubenssatz in den 1990er Jahren, kosten Geld, okkupieren Platz und sind für die Statistiken der Krankenhäuser insofern störend, als sie sich nicht zielführend behandeln lassen. Zielführend heißt: Wer das Krankenhaus nicht möglichst bald wieder geheilt verlässt, ist für den Arzt nicht nur keine Trophäe, er greift auch dessen Selbstverständnis an. Er zeigt dem Arzt die Grenze seiner Mächtigkeit auf. Der Tod verdammt den Arzt zur Ohnmacht. Er kann nichts mehr tun, er kann dem Schwerstkranken nichts mehr anbieten, er muss tatenlos zusehen. Womöglich leidet er mit dem Patienten, womöglich leidet er unter seiner als Schuld empfundenen Ohnmacht, nicht retten, nicht heilen zu können. Womöglich kann er die Verantwortung für das natürliche Sterben des Patienten, für den nicht zu besiegenden Tumor, nicht von der de facto falschen Verantwortung trennen, den Tumor nicht verhindern zu können. Und er selbst, der Arzt, ist schließlich auch in anderer Hinsicht ein Problem, genauer gesagt: seine Angst, mit den Regulativen des rigorosen deutschen Betäubungsmittelgesetzes in Konflikt zu geraten. Erst jetzt, in diesen Tagen, bricht die Zurückhaltung der deutschen Mediziner hinsichtlich des Einsatzes von Schmerzmitteln, Narkotika und Anxiolytika auf und fasst Palliativmedizin sukzessive Fuß auch in der Peripherie, auf dem Land, in der Provinz. Je mehr Palliativmediziner in die Dörfer und Kleinstädte gehen, desto mehr sorgen sie dafür, dass ihre Kollegen präzise Informationen über das pharmazeutische Rüstzeug des Palliativen erhalten und als Schmerztherapeuten sicherer werden. Dass die Angst der Ärzte nicht nur vor dem Tod an sich, sondern auch vor der Möglichkeit, versehentlich jemanden zum Sterben zu bringen, allmählich schwindet – lässt das nicht auf ein verändertes Selbstbild der Ärzteschaft schließen?

25

Die Medizin ist einer der Schlüsselbereiche für eine Ethik des gelingenden Sterbens. Je mehr sie Sterben und Tod als physisch und psychisch natürlichen Prozess reflektiert, desto menschenwürdiger könnte sie werden. Es geht ja um nichts weniger als eine bedeutsame Wende, um die Fähigkeit zur geistigen Neujustierung und das veränderte Welt- und Menschenbild einer ganzen Zunft, die es mit einem strukturellen Widerspruch zu tun hat: Je leistungsfähiger sie technisch wird, desto stärker unterliegt sie der neuen Norm des Kulturwandels zur techniklosen Humanität.

Über Jahrhunderte hinweg war der Arzt der natürliche Gegner des Todes. Als Herrscher im Reich der Lebensrettung um jeden Preis stand er im Mittelpunkt der Wahrnehmung und war nicht selten ein narzisstisches Subjekt. Auf der ärztlichen Agenda war der Tod nicht vorgesehen. Arztsein bedeutete die Aufbietung aller Möglichkeiten zur Todesvermeidung. Versprochen wurde die Ausschöpfung aller Maßnahmen zur Heilung, bis die Heilung selbst ein Versprechen war. Versprochen wurden Mittel, Methoden und Therapien zur Lebensverlängerung, auch wenn sie ineffektiv oder in ihrer Wirksamkeit umstritten waren. Generationen von Medizinstudenten und Patienten wurden geprägt durch ein Fremd- und Selbstbild des Arztes als eines von Sterben und Tod nicht schreckbaren Heroen, der auf keinen Fall Leben vergehen lässt. War es bis vor kurzem nicht so, dass der in Weiß gewandete Halbgöttliche es als Scheitern auffasste, jemanden sterben lassen zu müssen? Der Tod des Patienten kam der persönlichen Niederlage des Arztes gleich, und Niederlagen werden gerne vermieden und im Fall ihres Eintretens verdrängt. Den Tod anderer nicht verhindern zu können kommt einer narzisstischen Kränkung jener gleich, die Krankheit durch ihren Narzissmus auf jeden Fall zu kurieren trachten.

Wer sich als unheilbar Kranker nicht mehr kurieren ließ, wurde als Sterbender ausgegrenzt. Er wurde abgeschoben. Mit dem Sterbenden wurde auch das Sterben abgeschoben. Das Sterben, der Sterbende wurde fortgeschoben, in den Keller, auf den Gang, ins Badezimmer oder in irgendeinen anonymen Nebenraum, oft heftig verkabelt, in uniformierter Krankenhauskutte. Sterben aber lässt sich nicht ab- und wegschieben durch unbedingtes Lebenerhalten. Wann und warum diese Erkenntnis in den Vernunftbereich der Ärzteschaft einsickerte, ist schwer zu sagen. Offensichtlich jedenfalls weicht der hippokratische Eid des unbedingten Lebenserhaltens auf, weil er, der Eid, nicht länger als absoluter Imperativ, sondern als Achtung der Sterbenswürde des Menschen verstanden wird. Medizinhistoriker veranschlagen ein verändertes Arzt-Patienten-Verhältnis in der Bundesrepublik seit Mitte der 1970er Jahre, als abzusehen war, dass immer mehr Menschen in Frieden alt wurden, als dass sie in relativer Gesundheit über ihr Alter reflektieren konnten und nach Berufsende ein langes Leben zu erwarten hatten.

Das Selbstbild der Medizin hat sich in dem Maße neu modelliert, wie es jenes der Ärzte getan hat. Herrschten lange Zeit kurative Allmachtsphantasien vor, die in intensivmedizinischer Überbetreuung und

Zwangsernährung per Magensonde gipfelten, ist in Teilen der Ärzteschaft zunehmende Demut anzutreffen (Ausnahmen bestätigen beide Regeln, und pauschalieren kann man dies keinesfalls). Die Demut besteht in der realistischen Einschätzung, gegen Sterben und Tod machtlos zu sein. Sozialprestige und Image des Arztes rührten wesentlich von seinen Fähigkeiten, das Leben vor dem Tod zu retten. Heute hingegen scheint die absolute Moral der Menschenwürde vielen Ärzten gebotener als die relative Moral eines bedingungslosen Standeseids. Und wenn an höchster Stelle das Patientenwohl steht und dasselbe im Wohlergehen besteht und das wiederum im Wunsch, gelingend zu sterben – was heißt das dann für den Arzt?

Die Übertherapie um jeden Preis – jenen der unwürdigen Lebensverlängerung um einige wenige, manchmal auch mehr Monate oder einer dritten Chemotherapie für dieselbe Karzinomerkrankung – wird heute auch innermedizinisch kritischer betrachtet als vor wenigen Jahren. Mehr und mehr Ärzte werden sich darüber klar, dass ihr Anspruch, ihr Eid, ihre auch akademische Motivation zur unbedingten Lebensrettung nicht komplett der Realität entspricht. Sie wissen jetzt, dass der enorme Aufstieg der Medizin im 19. Jahrhundert darin bestand, ihr Versprechen auf Lebensrettung glaubwürdig halten zu können, Schritt haltend mit den Entwicklungen der Medizintechnik und der Forschung. Sie wissen, dass sie vergehendes Leben nicht retten können. Der Arzt hat seine unangefochtene Rolle als Herrscher über den Tod eingebüßt. Er ist nicht mehr der eitle Regisseur in seinem Reich, dem das Fußvolk der Schwestern und Pfleger in Untertanengehorsam zu dienen hat. Er ist einer unter vielen, und nicht einmal der Primus inter pares, denn die Behandlung der Patienten nicht als Maschinen, sondern als Menschen erfordert im Falle ihres Sterbens und Vergehens eine ganz andere Form der Begleitung. Will der Arzt helfen, so hilft er heute, indem er begleitet. Wer begleitet, ordnet sich unter. Der modifizierte Eid in Zeiten der Sterbenswürde müsste heißen: Der Arzt hat erfassen zu können, zu welchem Zeitpunkt aus der kurativen eine palliative Behandlung wird. Zum Ethos des Arztes gehört heute nicht nur Heilung, sondern Leidminderung. Leidminderung heißt Schmerzminderung. Der angezeigte Kulturwandel beschreibt das Ende des Zeitalters der Heroenärzte. Im Mittelpunkt steht der Patient. Im Mittelpunkt steht das Wohlergehen des Sterbenden.

Über diesem Wandel schwebt eine ganz und gar ungeheuerliche Erkenntnis: Man lässt sterben, weil man sterben lassen kann. Man kann sterben lassen, ohne zu töten. Die Medizin lässt sterben. Sie lässt los. Sie kehrt schrittweise zurück zum Leitbild der Ars moriendi, der Kunst der Sterbebegleitung, die unter einer sich seit dem 19. Jahrhundert immer stärker institutionalisierenden Medizin verlorengegangen ist. Man kann darin wahlweise einen enormen Fortschritt oder unterlassene Hilfeleistung erkennen. Bisweilen soll Hilfe hier aber ganz anders definiert werden: als Hilfe im oder beim Sterben, was nicht notwendig mit Sterbehilfe gleichzusetzen ist.

26

Der Grat zwischen humaner Schmerzlinderung und herbeigeführtem Tod ist schmal und die Grenze zwischen sich selbst zu Tode bringendem Leben und vorzeitig herbeigeführtem Sterben eng. Wenn man so will: Dem Palliativen eignet die Gefahr des Missbrauchs. Überschreitet die Palliativbehandlung die Grenze des Passiven, wird sie zum juristischen Problem. Weil aber die Schmerztherapie mehr denn je in der Lage ist, den Schmerz zu lindern, bevor der kritische Punkt erreicht wird, an dem der Arzt gegen seine Absicht den Patienten gegen dessen Willen medikamentös töten würde, wird die Grenze zwischen dem passiven und dem indirekten aktiven Sterben nach hinten verschoben: Das Aktionsfeld der passiven Sterbehilfe weitet sich in den vormals als aktiv definierten Raum aus – und bewegt sich dabei immer noch in legalem Rahmen. Durch die Fähigkeit, Symptome wirkungsvoll zu bekämpfen und den Menschen Ängste und Nöte zu nehmen, ohne ihr Sterben zu beschleunigen, wird der Begriff und damit der Sinn von »Passivität« allerdings hinreichend gedehnt.

Wo ist die Grenze des Passiven? Wie passiv ist das Aktive, das nicht tötet, aber den Tod bringt? Aus juristischer Perspektive ist die Rechtslage eindeutig: In Deutschland ist passive Sterbehilfe erlaubt, wenn der Patient seinen Willen, in bestimmten, ihm sinnlos erscheinenden Situationen sterben zu wollen, glaubwürdig dokumentiert hat. Das heißt: Der Todkranke stirbt an legaler Unterlassung jener Methoden, die sein Leben künstlich verlängern würden. Der Zweite Senat des Bundesgerichtshofs hat im Juni 2010 entschieden, den Abbruch einer rein lebensverlängernden Behandlung als passive Sterbehilfe zu werten. Will heißen: Man darf seither den Patienten an seiner Krankheit sterben lassen, indem keine lebenserhaltenden Funktionen – künstliche Ernährung oder künstliche Beatmung etwa – von außen aufrechterhalten werden. Das ist ein anderes Verständnis von passiv als noch vor etwa fünfzehn Jahren, da Behandlungsabbruch oder Verzicht auf lebensverlängernde Maßnahmen in Teilen der Wissenschaft (und auch der Bevölkerung) als *aktives* Tun begriffen und somit als indirekte aktive Sterbehilfe qualifiziert wurde. Das Recht auf einen natürlichen Tod ist zu einer verbindlichen Norm geworden.

Aktive Sterbehilfe liegt dann vor, wenn absichtlich und durch denjenigen, der die Sterbehilfe leistet, eine nicht mehr stoppbare Selbstkausalität in Gang gesetzt wird, beispielsweise durch eine todbringende Spritze. Der Tod ist das Ziel, nicht der Nebeneffekt. Paragraph 216 des deutschen Strafgesetzbuchs verbietet aktive Sterbehilfe in der Bundesrepublik rigide:

> (1) Ist jemand durch das ausdrückliche und ernstliche Verlangen des Getöteten zur Tötung bestimmt worden, so ist auf Freiheitsstrafe von sechs Monaten bis zu fünf Jahren zu erkennen.
> (2) Der Versuch ist strafbar.

Durch dieses unaufweichbare Fundament des deutschen Tötungsverbots wird freilich auch die Selbstbestimmung des Einzelnen begrenzt – mit der Ausnahme der »indirekten Sterbehilfe«, sprich: der Schmerzlinderung durch Medikamentenzugabe, die möglicherweise zur Lebensverkürzung und also in den Tod führt. Während in Belgien, Luxemburg und den Niederlanden aktive Sterbehilfe in begrenztem Rahmen erlaubt ist, nimmt Deutschland innerhalb Europas eine eindeutig negative Haltung ein. Das hat gute Gründe. Allein die Assoziation des Wortes »Euthanasie« dürfte reichen, das Paradigma des absoluten Tötungsverbots nicht nur zu verstehen, sondern als legitim zu erachten. Nur: Wann ist eine Tötung eine Tötung? Und wodurch wird sie veranlasst?

Im Zentrum aller philosophischen, rechtlichen und medizinethischen Überlegungen zur Hilfe im und beim Sterben steht die Patientenautonomie. Juristisch gedacht bescheinigt sie mir als Staatsbürger, dass ich die Kompetenz wie die Befugnis habe, über mich selbst zu entscheiden, wenn ein einsichtsfähiges Alter gegeben ist, wenn keine pathologischen Befunde das Bewusstsein einschränkender Art vorfindbar sind und wenn ich bei der Formulierung meiner Verfügung nicht getäuscht werde. Kern der Patientenautonomie ist die Kompetenz der Selbstverfügung, diese wiederum basiert auf selbstbestimmter Einwilligung. Wohlgemerkt: eine Kompetenz, die sich das bewusstseinsklare Individuum in Eigenverantwortung erwirbt.

Zwar ist die Patientenautonomie schon immer Resultat des Allgemeinen Persönlichkeitsrechts und der Allgemeinen Handlungsfreiheit im Grundgesetz, dieser Tage aber hat sie normativen Rang erreicht. Sie formuliert erstens ein verändertes Verhältnis zwischen Fremd- und Selbstbestimmung, zweitens ein verändertes Verhältnis zwischen Arzt und Patient. Selbstbestimmung und Selbstverfügung sind heute Teil der »guten Sitten«, von denen das Grundgesetz in Artikel 2 spricht – als Ausdruck einer kollektiven Übereinkunft der Gesellschaft:

> (1) Jeder hat das Recht auf die freie Entfaltung seiner Persönlichkeit, soweit er nicht die Rechte anderer verletzt und nicht gegen die verfassungsmäßige Ordnung oder das Sittengesetz verstößt.
> (2) Jeder hat das Recht auf Leben und körperliche Unversehrtheit. Die Freiheit der Person ist unverletzlich. In diese Rechte darf nur auf Grund eines Gesetzes eingegriffen werden.

Das deutsche Grundgesetz – grandioser Lehrmeister der säkularen Heiligkeit vom Leben und Menschsein nach Ende des Zweiten Weltkriegs – lässt die Variation von Rechtsnormen durch den Zeitgeist ausdrücklich zu und erkennt in den »guten Sitten« ein veritables Gut. Sie, die guten Sitten, sind interpretationswürdig und können sich von Generation zu Generation ändern. In dieses dem steten Fluss unterworfene Sittengesetz fließen Moralvorstellungen und Rechtsempfinden der Allgemeinheit ein; das Sittengesetz ist ein Spiegel gesellschaftlicher Überzeugungen und bringt den Wertewandel innerhalb der Gesellschaft zum Ausdruck. Indirekt bildet sich in der Rechtsprechung des Bundesgerichtshofs oder der medialen Berichterstattung die Ars moriendi als zeitgemäßes Sittengesetz ab.

Sittengesetzlich betrachtet waren die Nachkriegsjahre stark paternalistisch geprägt. Dann folgte ein Ringen der Paternalisten mit den Liberalen. Inzwischen, lässt sich schließen, sind sogar konservative Kräfte liberal geworden. Der Beginn des dritten Jahrtausends ist auch der Beginn einer totalen Hinwendung zum Individuum. Die Selbstermächtigung des Subjekts die letzten Dinge betreffend wäre vor einem Vierteljahrhundert undenkbar gewesen. Mit ihr ist den Kirchen und den Religionen das Monopol beraubt, Sterben und Tod zu deuten.

Womöglich schließen sich Selbstverfügung und Gottgläubigkeit aber auch gar nicht aus; warum man vor Gott nicht auch das Recht haben soll, sich selbst zu bestimmen, ist nicht einleuchtend. Es wäre einleuchtend nur dann, wenn die Fiktion der eigenen Unvollkommenheit dem Absoluten gegenüber noch immer aufrechterhalten werden soll. Hier und da und sicher noch stärker auf dem Land als in der Stadt mag das zutreffen. Die Hinwendung des Einzelnen zu sich und die Definition der Menschenwürde als diesseitiges Wohlergehen lässt solcherlei Haltung, bei allem Respekt, reichlich altmodisch erscheinen.

27

Unter die grundgesetzlich garantierte Sittenkonformität fällt auch der in diesem Essay skizzierte Kultur- und Wertewandel. Seinen erhabenen Ausdruck erhält er durch das 2009 vom Deutschen Bundestag beschlossene Gesetz zur Patientenverfügung, Paragraph 1901a Bürgerliches Gesetzbuch. Darin heißt es:

> (1) Hat ein einwilligungsfähiger Volljähriger für den Fall seiner Einwilligungsunfähigkeit schriftlich festgelegt, ob er in bestimmte, zum Zeitpunkt der Festlegung noch nicht unmit-

> telbar bevorstehende Untersuchungen seines Gesundheitszustands, Heilbehandlungen oder ärztliche Eingriffe einwilligt oder sie untersagt (Patientenverfügung), prüft der Betreuer, ob diese Festlegungen auf die aktuelle Lebens- und Behandlungssituation zutreffen. Ist dies der Fall, hat der Betreuer dem Willen des Betreuten Ausdruck und Geltung zu verschaffen. Eine Patientenverfügung kann jederzeit formlos widerrufen werden.

Liegt keine Patientenverfügung vor oder treffen deren frühere Festlegungen nicht auf die aktuelle Lebenssituation zu, heißt es in Absatz 2, habe der Betreuer die Behandlungswünsche oder den mutmaßlichen Willen des Betreuten festzustellen und zu entscheiden, ob er in eine ärztliche Maßnahme nach Absatz 1 einwilligt oder sie untersagt. Der mutmaßliche Wille ist aufgrund konkreter Anhaltspunkte zu ermitteln. Zu berücksichtigen sind dabei insbesondere frühere mündliche oder schriftliche Äußerungen, ethische oder religiöse Überzeugungen und sonstige persönliche Wertvorstellungen des Betreuten. Im Klartext heißt das: Der Wille des einwilligungsfähigen Patienten ist für den Arzt verbindlich und handlungsleitend.

Die Patientenverfügung ist nicht nur als Absage an jeglichen Paternalismus zu verstehen, demzufolge ja die Kompetenz, für sich selbst zu entscheiden, mit der Vorstellung beschnitten wird, man, also ein anderer, handle zum Besten des Patienten, indem für ihn entschieden werde. Gesetzgeber, Ideologen und Kirchen neigen naturgemäß zum Paternalismus und bemänteln ihre Fremdbestimmungsabsichten gern mit dem Hinweis, man stelle sich schützend vor den Einzelnen (ohne dessen Meinung, Vorstellung und Schutzbedürftigkeit freilich zu kennen), weswegen die Befugnis des Individuums, für sich selbst zu entscheiden, grundsätzlich eingeschränkt werden müsste. Ohne weiteres lässt sich in der Patientenverfügung ein wesentliches Instrument der Autonomie des Individuums erkennen, wenngleich der gesellschaftliche und politische Druck, das Schriftstück jederzeit wie einen Personalausweis mit sich zu führen, auch eine Form der Instrumentalisierung sein kann.

Kern wie Problem der Patientenverfügung ist die Selbststeuerungsfähigkeit des Einzelnen. Kurz gesagt: Für die Patientenverfügung muss der Mensch in einem kognitiv einwandfreien Zustand sein, sonst könnte er Gefahr laufen, durch andere, deren Motive ja unlauter sein könnten, instrumentalisiert zu werden. In kognitiv eingeschränkten Phasen des Lebens ist vollständige Selbstbestimmungfähigkeit nicht unbedingt gegeben. Als Mensch, heißt das, muss man damit leben, dass am Ende des Lebens Zustände auftreten können, in denen man sich selbst nicht mehr steuern kann. Die Patientenverfügung regelt vielleicht das Ende des jeweiligen Menschen, aber sie kann dessen Selbstbestimmungsfähigkeit nicht garantieren. Dazu gehört, dass ich, subjektiv gesprochen, unter dem Eindruck einer veränderten Situation zu einer neuen Einschätzung kommen kann und meine Entscheidung ändern können muss. In manchen Situationen ist dies aber nicht mehr möglich, und in Krankenhäusern sind des Öfteren Patienten in hilf- und zukunftslosen, geradezu unmündigen Zuständen anzutreffen, die Ärzten und Angehörigen ein Dilemma aufbürden: Wie sollen sie im Fall des zweideutigen Sterbens handeln? Natürlich ist denkbar, dass die Hirnforschung eines

Tages Hinweise darauf geben kann, mit welchen Formen mentaler Aktivität bei dem jeweiligen Patienten noch zu rechnen ist. Wie oft Lebensverlängerungsgeräte in deutschen Krankenhäusern infolge einer nichtautonomen Patientenverfügung bislang abgestellt werden, bleibt bis auf weiteres das Geheimnis eines unwägbaren Lebens.

Dass der einzelne Mensch den wilden Kräften des Schicksals ausgeliefert ist, dass er in soziale Kontexte und deren Normen hineingeboren wird, dass er aber weder diese Kontexte noch das Schicksal ändern kann, leistet einer gewissen Anmaßung Vorschub, diesen Ohnmachten durch Kontrolle aktiv zu entgehen. So lautet also der Schlachtruf des Individualisten: Gestalte dein Schicksal! Gestalte deine Kontexte! Gestalte deinen Tod!

Und was, wenn man genau das gar nicht will?

Jedes Nachdenken über eine zukunftsfähige Ars moriendi, die das Begriffspaar Autonomie und Selbstbestimmung ins Zentrum ihrer Reflexionen stellt, hat notwendig mit deren Problematisierung in den Grenzbereichen zu tun. Was heißt Selbstbestimmung unter den Bedingungen chronischer Erkrankung? Wie definiert sich Selbstbestimmung in Bezug auf Menschen mit Kognitionsveränderungen, die in ihren Kulturfähigkeiten eingeschränkt sind? Was heißt Selbstbestimmung für geistig und Lernbehinderte, für Psychotiker mit chronischer Schizophrenie und Depressive mit schwerer Episode und Chronifizierung? Kaum vorstellbar, dass Selbstbestimmung in solchen Fällen auf absolute Kontrolle aller Kognitionen, auf Memory-Faktoren und stets abrufbare Handlungsfähigkeiten abzielen könnte. Sollte dem so sein, wären die Früchte derart hoch gehängt, dass das sedierte oder eingeschränkte Leben vieler Krebskranker, Dementer oder geistig Behinderter nicht unter dem Begriff vernünftiger Selbstbestimmung gemäß der Maxime gefasst ist: Ich weiß, dass ich es bin, der dies und das vollzieht, ich kann wählen, ich kann auch anders, ich habe Gründe. Durch die radikale Individualisierung ist der Gedanke einer Kontrolle aller Kontexte bis zum Schluss stark mitentwickelt worden.

Steht aber kein vollständig selbststeuerungsfähiges, mit allen kognitiven wie leiblichen Fähigkeiten ausgestattetes Individuum zur Verfügung, hat der abendländisch präfigurierte, zeitgenössisch modellierte Selbstbestimmungsbegriff ein Legitimationsproblem.

28

Und wenn der selbstbestimmte Wunsch des Sterbenden darin besteht, dass ein anderer ihm beim Sterben assistiert? Der Respekt der Sterbehilfe und dem Wunsch einer Tötung auf Verlangen gegenüber hat – trügen die Zeichen nicht – in den vergangenen fünfzehn Jahren ebenso zugenommen wie der Anspruch auf einen guten Tod. In welchem Ausmaß beides der Fall ist, lässt sich kaum eruieren, sicher aber hat das ganze Gefüge veränderter Sitten, entchristlichter Ethik und konventioneller Rechte ein anderes, in jeder Hinsicht freieres Verhältnis zu den letzten Dingen ermöglicht. Und siehe da: Zunehmend entdeckt der Zeitgenosse seine Menschen- und Sterbenswürde in der Freiheit zum assistierten Suizid. Die Frage, ob die Selbsttötung ein Akt der Freiheit ist, ist so legitim wie bis heute philosophisch ungeklärt. Immerhin ist es nicht allzu lange her, da der Freitod alter Menschen als Verzweiflungstat galt, die ganze Familien in die Katastrophe stürzten. Gegenwärtig aber, und das ist das hier Entscheidende, scheint es der guten Sitte und dem guten Ton einer liberalen Gesellschaft zu entsprechen, dem Sterbewunsch des Einzelnen mit höchster Priorität zu entsprechen.

Für die assistierte Selbsttötung gibt keine explizit rechtliche, sondern nur eine indirekte Regelung: Das deutsche Strafgesetzbuch sieht ein Fremd-, nicht aber ein Selbsttötungsverbot vor. Hinsichtlich des assistierten Suizids, so darf man schließen, schweigt es sich aus. Selbsttötung ist also keine Straftat. Niemand kann für eine Beihilfe zum Suizid eines anderen bestraft werden, wenn der andere sich in freier Verantwortung für den Suizid entschieden hat. Inwiefern diese Freiheit tatsächlich frei ist, inwiefern der Freitod jeglicher psychischen Hypothek ledig ist, inwiefern er eine rein rationale Entscheidung zugrunde legt, kurzum: wo die zarte, manchmal brisante Grenze zwischen *absolut frei* und *bedingt unfrei* verläuft, welchen Einfluss Täuschungen, Selbsttäuschungen, Zwänge oder psychische Hypotheken haben und ob es tatsächlich einen freien Willen gibt, steht auf einem anderen, nicht minder wichtigen, sehr differenzierungswürdigen, hier aber das Format sprengenden Blatt.

Weil die freie Einwilligung zum assistierten Suizid nicht immer absolut eindeutig ist (und im Krankheitsfall vielleicht gar nicht eindeutig geklärt werden kann), weil Selbststeuerung und die Zurechnungsfähigkeit nicht in jedem Fall vorausgesetzt werden können und eine gewisse Lebensmüdigkeit oder Depressionen so zweifelhafte wie häufige Gründe für einen Suizid sind, wird Sterbehilfeorganisationen gern mit Ambivalenz begegnet. Für manche (und immer mehr) Todkranke mögen sie der letzte Ausweg aus einem ausweglosen Leben sein, für andere (empörungsbereite Gesunde) sind sie kommerziell agierende Tötungsunternehmen, die die gewachsenen Beziehungen zwischen Arzt und Patient abbrechen, allein von einem (notwendigen) Schriftsatz mit dem Stempel »tödlich erkrankt« ausgehen und ohne Rücksicht auf die mögliche Unmündigkeit des Patienten den Tod generalstabsmäßig organisieren.

Ob der gewünschte Tod nun durch eine Organisation, durch einen Freund oder durch mich selbst zustande kommt – in jedem Fall ist er ein Akt der Selbstverfügung. Um es subjektiv zu sagen: Wenn ich die Modalität meines gewollten Sterbens steuern und festlegen kann, verfüge ich selbstmächtig über meinen Tod, indem ich seinen *Zeitpunkt* und seine Modalitäten bestimme. So man dem assistierten Suizid geneigt ist, könnte man dessen Leitgedanken nicht in der illegalen Tötung auf Verlangen, sondern in angewandter Barmherzigkeit erkennen: zugefügte Leid- und Schmerzminderung in jenem Moment, da ich nicht mehr selbstbestimmt sein kann. Ich lasse mir meinen Tod von niemandem aus der Hand nehmen, insofern, als ich die Hand eines bestimmten anderen meinen Wunsch ausführen lasse. Was aber, wenn die Annahme von Psychotherapeuten stimmt und jeder Suizid die Folge einer psychischen Krise, einer psychischen Störung, einer Verzweiflungstat ist? Wenn der angekündigte Suizid gar kein Sterbewunsch, sondern im Gegenteil ein Hilfeschrei fürs Leben ist? Wenn die Freiheit zur Selbsttötung nur ein Akt *scheinbarer* Freiheit, in Wirklichkeit aber das Resultat eines Zwangs ist?

Ethisch betrachtet dreht es sich bei einer Assistenz zum Suizid um das Verhältnis zweier Selbstbestimmungsregime: dem des zu Tötenden und dem des beim Töten Helfenden. Juristisch geht es um die Tatherrschaft. Inwieweit verfügt der zu Tötende über einen anderen? Wird bei assistiertem Suizid die Selbstbestimmung des Assistierenden verletzt? Nein, denn er könnte sich der Assistenz ja auch verweigern. Er könnte weder mit Rat noch Tat zur Verfügung stehen, entsprechende Medikamente nicht besorgen oder bereitstellen oder den Freitodwilligen in seiner Freitodwilligkeit nicht unterstützen. Stimmt er dem Freitod des Todeswilligen aber zu (und dieser dem Assistenten als seinem Helfer), macht der Todeswillige den Assistenten zum Komplizen seines Todes. Entscheidend nun ist, ob diese Komplizenschaft mittelbar oder unmittelbar vonstattengeht. Ist der Assistent Täter oder nur Teilnehmer? Das hängt vor der Antwort auf die Frage ab, wer das zum Tod führende Geschehen bis zu welchem Zeitpunkt beherrscht. Wenn der Todeswillige bis zuletzt die freie Entscheidung über sein Leben behält, tötet er sich zwar nach fremder Hilfe, aber doch selbst. Dem Assistenten ist nichts vorzuwerfen, er ist Teilnehmer, aber nicht Täter. Hat der Assistent das Ereignis einmal in Gang gesetzt und können dessen Folgen vom Todeswilligen allein nicht mehr gestoppt werden, ist der Assistent nicht mehr Beihelfer, sondern Täter einer Tat, die er, der Assistent, aus dem womöglich ehrenvollen Motiv der Barmherzigkeit vollzieht. Der Assistent hat unmittelbar am Akt der Tötung mitgewirkt, er hat aktive Sterbehilfe geleistet. Das ist ein Fall für das Strafrecht.

Für Ärzte ist die Gratwanderung zwischen strafloser Suizidteilnahme und strafbarem Tötungsdelikt besonders heikel. Auch wenn sie den Todeswilligen einem qualvollen Tod aussetzen, lehnen viele, wenn nicht die meisten, den Gnadenakt ab – zumal die angenommene Eindeutigkeit eines Todeswunsches nicht immer zweifelsfrei geklärt ist und der Arzt bei einer Suizidbeteiligung standesrechtliche und womöglich strafrechtliche Konsequenzen zu gewärtigen hat. Die Bundesärztekammer hält eine Beihilfe zum Suizid generell für standeswidrig, nicht nur, wenn sie von Sterbehilfeorganisationen als »gewerbsmäßige Förderung der Selbsttötung« betrieben wird. Diese will, in einem Entwurf zum neuen Paragraphen 217 Strafgesetzbuch, die Bundesjustizministerin jetzt unter Strafe stellen lassen – mit Freiheitsstrafen bis zu drei Jahren für jene Bei- und Mithelfer, die *nicht* in andauernder, persönlicher Beziehung zum Sterbewilligen stehen. Alle anderen bleiben von Strafe befreit. Unter dieses Verdikt der Straffreiheit bei Suizidbeteiligung sollen nun erstmals auch Ärzte und Pfleger fallen, und das führt zu erheblicher Kritik.

Inwieweit und wann die Gewerbsmäßigkeit oder Gewinnerzielungsabsicht des Handelns nachweisbar ist, bleibt umstritten, inwieweit sie von bloßer »Aufwandsentschädigung« getrennt werden kann eine Frage pekuniärer Sophistik. Wenn die äußeren Bedingungen für die Selbsttötung eines Menschen gegen ein Honorar von einem Dritten leichter und günstiger gestaltet worden sind – reicht das für dessen strafrechtlichen Belang? Soll derjenige, der einem anderen die Selbsttötung ermöglicht, grundsätzlich bestraft werden? Ginge es nach den Wünschen der Menschen, wäre die gewerbsmäßige Sterbehilfe in Deutschland längst zugelassen. Einer Umfrage des Meinungsforschungsinstituts Emnid von 2012 zufolge plädieren neunundvierzig Prozent der Bundesbürger für deren Legalisierung.

Der Überzeugung, Sterbehilfe nicht als Marktlücke zu begreifen und den Tod nicht zur Dienstleistung einer kommerziell agierenden Tötungsökonomie zu machen, kann kein vernunftbegabter Mensch ernstlich widersprechen. Es ist dennoch der Eindruck nicht von der Hand zu weisen, dass auch in Deutschland Sterbehilfeorganisationen wie die beiden schweizerischen *Exit* (gegründet 1982) und *Dignitas* (gegründet 1998) in beträchtlichem Maße angenommen und genutzt würden, fassten sie hierzulande Fuß. Sowohl *Exit* als auch *Dignitas* legen Wert darauf, keine kommerziellen Interessen zu vertreten und konfessionell neutral zu sein. Beide betonen das Ziel menschenwürdigen Sterbens, beide sind Mitglieder der 1980 ins Leben gerufenen »World Federation of Right to Die Societies« mit heute einundfünfzig Vereinen in siebenundzwanzig Ländern. Und tatsächlich fahren erstaunlich viele Deutsche nach wie vor zum Sterben in die Schweiz oder in die Niederlande, wo etwa Pentobarbital, mit dessen Verschreibung ein Arzt hierzulande gegen das Arzneimittelgesetz verstoßen würde, leicht erhältlich ist. In Holland, wo aktive Sterbehilfe 2001 unter bestimmten Auflagen legalisiert wurde, agieren seit kurzem sogar mobile Euthanasie-Teams, die, online oder telefonisch angefordert, jederzeit einsatzbereit sind. Zur Diskussion steht die Definition von Humanität und die Frage, ob Sterbehilfe eine wünschenswerte Utopie ist. Die Fronten sind klar: Es geht um Tötung gegen Palliativmedizin. Um Lebensabbruch gegen Sterbebegleitung. Um die Idee würdiger Sterbebegleitung gegen die unwürdige Tötung per Hausbesuch. Das romantisch verklärte Sterben nach einem Candlelight-Dinner (analog zum Abendmahl Jesu) und das Versprechen auf den frohsinnigen, geglückten Abschied in den Häusern der Sterbehilfevereine mag wahlweise eine schöne Vision, eine naiv verbrämte Idealisierung oder aber auch eine billige, auf den gewollten Zeitpunkt ausgerichtete Form der Entsorgung sein – Entlastung im Stundentakt auf einer Agenda eifriger Euthanasie. Vor dem Hintergrund der Einwände und Gefahren ist die Forderung von Medizinrechtlern, künftig Ärzte mit der Aufgabe des assistierten Suizids zu betrauen, durchaus bedenkenswert. Ihr Pfund ist das professionelle Wissen um die Wirksamkeit todbringender Präparate und somit das Vertrauen des Patienten in ihre Expertise.

Zweifelsohne ist der assistierte Suizid *als Möglichkeit* ein Desiderat vieler Menschen. Nach Lage der Dinge wächst ihre Zahl stetig. Der Suizid ist ein Thema, das auf die Gesellschaft zurollt. Die Selbsttötung auf Verlangen fordert jeden Einzelnen zu einer Haltung dem eigenen Sterben gegenüber heraus. Ist man der Idee des assistierten Suizids zugetan, verschafft seine Möglichkeit innere Ruhe und teilt im Ernstfall die Verantwortung auf. Wer sich als irreversibel Kranker zum Suizid entschließt, kann dies als Ausweis seiner Sterbenswürde sehen. Es gab und gibt hingegen

Fälle, da der Todeswunsch nicht mit medizinischer, sondern nur mit sozialer Indikation formuliert wird: Der eine will dem anderen nicht länger zur Last fallen, der Zweite kann die Einsamkeit des Alters nicht ertragen, der Dritte fühlt sich vernachlässigt, überflüssig, nutzlos, der Vierte kann keinerlei Sinnhorizont in seinem Leben mehr entdecken, der Fünfte empfindet es als Demütigung, nichts mehr zu tun zu haben und nur noch auf den natürlichen Tod zu warten. Sollten sie alle den Wunsch zu sterben auf ihre individuell legitime Weise begründet haben, so wäre der Todeswunsch eine Reaktion auf den Lebenskontext und die Lebensumstände, nicht aber auf grässliche Schmerzen oder die Aussicht auf ein unwürdiges Dahinvegetieren. Und es ist keineswegs auszuschließen, dass hinter einem vermeintlichen Tötungsverlangen auch Druck der Angehörigen steht, sich von der Last eines Großvaters oder einer Mutter zu befreien. Aus den Niederlanden sind Hinweise bekannt, dass die Euthanasierate kurz vor großen Ferienzeiten verlässlich und zum Teil stark gestiegen ist.

Zu guter Letzt sind es Menschen, sind es Irdische, sind es die Ärzte, die im Zweifel entscheiden, was »irreversibel« und wann es das ist. Mit Sicherheit entscheiden sie nach bestem Wissen und Gewissen, aber sie sind, wie jeder Mensch, fehlbar. Was einst als unheilbar galt, muss es nicht heute auch sein – das ist die Crux im Spannungsverhältnis zwischen medizinisch-wissenschaftlichem Fortschritt und konventionellem Recht.

29

Eine Gesellschaft auf der Höhe ihres Humanismus muss ihre Mitglieder nicht nur sterben lassen können, sondern auch dem Einzelnen die Entscheidung überlassen, wann er wie sterben will. Offensichtlich wird der Begriff der Selbstbestimmung ernst und ernster als je zuvor genommen. Wenn Todeswunsch und Assistenz auf freier Entscheidung basieren – was sollte dagegen einzuwenden sein außer der christlich getönten Trauer, man komme der Natur und also Gott zuvor? Welch lebensmüder Mensch aber würde in einem ermüdeten Leben noch ein Geschenk betrachten, das er, einmal angenommen, niemals zurückzugeben habe? Und warum sollte ein Christ nicht beschließen dürfen, seinem Leben aktiv ein Ende zu setzen, wenn er es für richtig hält?

Rechtlich und ethisch sind die anhängigen Probleme noch keineswegs geklärt. Mit großer Gewissheit werden sie aber das Gemeinwesen in nicht weit entfernter Zukunft zu einer Haltung herausfordern. Wer im Fall des Lebens auf Autonomie, Selbstbestimmung und Selbstverfügung beharrt, der hat im Fall des Sterbens das Recht und die Pflicht, angesichts aller zur Verfügung stehenden Möglichkeiten ein Verhältnis zur Art und Weise seines Endes, zur Vorstellung seines Todeszeitpunkts zu entwerfen.

Zweifelsohne hat die Bundesrepublik Deutschland über die vergangenen fünfzehn Jahre hinweg einen kulturellen Klimawandel erfahren. Dieser Wandel hat in seinem Verlauf ein enormes Subjekt produziert und das Individuum in fast kompletter Selbstverantwortung vorgestellt. Es ist ein Wandel vom Man zum Selbst. Ein Wandel von paternalistischer Moral zu subjektiver Ethik. Die Verfrachtung des Allgemeinen in das Subjekt ist freilich auch eine Belastung des Individuums mit Normen. Normen wiegen schwer. Die höchste Norm der Autonomie, Selbstbestimmung und Menschenwürde, heißt immer auch Selbstverantwortung bei ausbleibender Erlösung durch andere oder anderes.

Es kommt einer Art säkularer Erlösung gleich, dass die größte Kränkung des Menschseins, das Sterbenmüssen des Menschen, heute beherrsch- und gestaltbar zu sein scheint. Wohlgemerkt *scheint*. Gestaltbar heißt bestimmbar, aber ob das Bestimmbare auch kontrollierbar ist, steht spätestens dann in Frage, wenn der Mensch auf sich und sein Bewusstsein nicht mehr als steuerungsfähiges Subjekt zugreifen kann, weil er die Navigationshoheit über sein Leben eingebüßt hat.

Kulturelle Großwetterumschwünge gründen meist in neuen Modalitäten eines veränderten Selbstverständnisses. Dieses erschafft neue Selbstbilder. Neue Selbstbilder generieren veränderte Selbstwahrnehmungen. Veränderte Selbstwahrnehmungen bilden neue Erkenntnisse aus. Neue Erkenntnisse mästen das Wissen. Neues Wissen kommt in die Welt durch Hartnäckigkeit und Genauigkeit von Wissenschaftlern und Vorbildern. Man kann diesen Wandel kühl konstatieren oder ihn begeistert als kolossal einstufen – in jedem Fall hat die Einstellungsänderung eine neue Rationalität zutage gefördert, der zufolge es scheint, als sei sie immer schon herrschend gewesen.

Womöglich sind diese Böen des Humanismus auch eine Art stille Revolte gegen das äußere Regime der

Fremdbeherrschung durch die sozioökonomischen Umstände. Oder aber das gegenwärtige Menschenbild stellt uns schlichtweg einen anderen Menschen als vor fünfzehn Jahren vor. Denn deuten wir die Zeichen abermals richtig, hat der Kulturwandel eine Art Kollateraleffekt, eine Art Nebenfolge zum Vorschein. Alle Messdaten legen den Schluss nahe, dass die normative Großwetterlage der Gegenwart von einer höheren Sensibilisierung gegenüber dem vergehenden wie auch dem behinderten Leben bestimmt ist. Vor fünfzehn Jahren wären Wachkoma-Patienten kaum als lebende Menschen bezeichnet worden. Vertreter von Behindertenverbänden teilen mit, dass in U-Bahnen oder auf den Straßen deutscher Großstädte kaum noch Momente der Diskriminierung Behinderter erlebt werden. Kognitiv eingeschränkte Menschen gehen freizügig in die Öffentlichkeit und leben in dieser Öffentlichkeit mittlerweile so normal, dass ihre Präsenz zum Bild der Gesellschaft gehört. Das scheinbar Nichtnormale ist durch bestimmte Normen zur Normalität geworden. Es ist ein so merkwürdiges wie begrüßenswertes Paradoxon, dass das vermeintlich Schwache von einer auf Stärke, Steigerung, Optimierung und Perfektion geeichten Ordnung zwar alles andere als vorgesehen ist. Dass es aber dennoch in seiner alltäglichen Präsenz im öffentlichen Raum mehr denn je geschützt und geachtet wird. Der Zeitgenosse zwischen Recht und Sitte ist ein Mensch von erhöhter Humanität. Ist dies nun das Resultat der jahrelangen gesellschaftlichen Selbsterziehung zur moralischen und politischen Korrektheit – oder kann es tatsächlich sein, dass die Menschen an sich menschlicher, weil dem Menschlichen an sich näher sind?

IV

Der Zeitgenosse als Objekt seiner Bestattung

30

Der Tod ist das Intimste, was dem Menschen neben seiner Sexualität zur Verfügung steht. Sexualität und Tod haben einen ähnlichen Transformationsprozess von klandestiner Verdrängung bis zu hypertropher Übersättigung erfahren. Als menschliches Existenzial ist beider Schicksal vergleichbar. Mit der Verzögerung von einer Generation stehen Sterben und Tod jetzt auf ähnlich enttabuisierte Weise im Brennglas der Öffentlichkeit, wie die Sexualität es nach ihrer Befreiung Ende der 1960er Jahre getan hat. Der Kulturwissenschaftler Norbert Fischer hat zu Recht bemerkt, dass Sterben und Tod den letzten großen Gesellschaftsbereich beschreiben, in dem sich verkrustete Strukturen aufgelöst haben, der – bis hin zur übertriebenen Selbstinszenierung, über die, etwa im Fall der personalisierten Trauer, in Kürze zu sprechen sein wird – eine Befreiung durchlaufen hat. Die Enttabuisierung des Todes wirkte wie eine Entfesselung. Als kulturelle Norm stellt sie dem Einzelnen seit etwa fünfzehn Jahren die Lizenz zur Selbstverfügung aus; sie ist das wertverlagernde Plädoyer für die Idee, Sterben zum integralen Bestandteil des Lebens und den Tod zur Normalität zu machen.

Infolge der Partikularisierung des Gesellschaftskörpers in Millionen gleiche Glieder hat auch das Sterben mit einem unerhörten Pluralismus der Lebensstile zu tun, der, so müsste man folgern, zu einem Pluralismus der Sterbensstile führt. Und dann ist der Tod nicht mehr der Tod an sich. Der Tod ist der individuell gestaltete Willensakt des Indvidualisten, die eintretende Folge eines vorausberechnenden Willensaktes, und damit ist er ein Akt strategischer Planung des Unausweichlichen. Das eigene Sterben ist der individuell gestaltete Willensakt gegen die Konvention des Allgemeinen.

Was früher begrenzt und eingehegt war, hat sich entgrenzt und ausgeweitet. Was festgefügte, soziale, normative und ideologische Institution war – Familie, Religion, Arbeitsplatz –, hat sich im Furor des allgemeinen Wandels und Verschwindens in Teile, Unterteile, Fragmente und Partikel aufgelöst. Das zu großen Teilen noch immer verlässliche Werteverständnis der deutschen Mehrheitsgesellschaft, dem zufolge ein Leben nach christlicher Moral und Maßgabe getaktet war, ist mit der säkularisierten Lebenswelt zahlloser Kleingesellschaften und zahlloser Ich-Entwürfe konfrontiert. Plurale Lebensstil-Konstrukte führen, wenn das übergebaute Normgefüge suspendiert ist, notwendig zu pluralen Todesentwürfen. Ein Leben in Sichtbarkeit erzieht auch zu einem Sterben in Sichtbarkeit. Der behauptete Kulturwandel setzt also an jenem Punkt der historischen Entwicklung ein, da das Sterben öffentlich wird und öffentliches Sterben medial vermittelt ist. Prägten von der Antike bis zur Vormoderne Heilige oder Märtyrer als Stellvertreter göttlicher Metaphysik die Rollenbilder des öffentlichen Todes, prägt das öffentliche Sterben Prominenter in der totalen Gegenwart jene der Spätmoderne. Das öffentliche Sterben ist en vogue und die Öffentlichkeit des Sterbens ein Spektakel. Wie konnte es dazu kommen?

Zum einen hat die Erregungsgesellschaft einen neuen Begriff von Exzess zur Verfügung gestellt, zum anderen bietet der totale, unseren Geist regierende Boulevard neue Formen des Öffentlichen und mit ihnen neue Weisen des Bewusstseins an. Vor diesem Hintergrund erweist sich das Diktum des amerikanischen Soziologen Richard Sennett von der »Tyrannei der Intimität« aus dem Jahr 1977 als geradezu prophetisch: Der Verfall des öffentlichen Lebens – von Sennett damals bereits als Kritik am narzisstischen Individualismus formuliert – vollzieht sich heute in der Stilisierung des personalisierten Todes als massenmediales Erregungs-Ereignis. Was jahrhunderte- und jahrzehntelang in den Dunkelkammern eines düsteren Weltbilds unbelichtet blieb, steht seit etwa fünfzehn Jahren im bunten Licht der Öffentlichkeit. Der öfffentliche Raum ist nunmehr Verhandlungsort privater Ereignisse.

Wer will, wie es Kulturanthropologen tun, kann den Beginn dieser Neubestimmung an einem einzigen Ereignis festmachen: dem Tod von Lady Diana im August 1997. Die Beerdigung der britischen Prinzessin war das erste massenmedial inszenierte Trauerspektakel einer sich vernetzenden Welt. Weltweit wurde übertragen, weltweit wurde getrauert. Die Inszenierung dieser Trauer war ein Hochamt für den auf Emotion, Personalisierung, Voyeurismus und niedere Instinkte geeichten Boulevard, der es über die vergangenen Jahre hinweg spielend geschafft hat, auch die Qualitätsmedien zu kolonisieren. Zum ersten Mal war öffentliche Trauer kulturell hoffähig, und viel wichtiger: Emotionen waren entfesselt. Mit Lady Dianas Tod, so scheint es, öffnete sich ein Ventil, welches *Trauer um ihrer selbst willen* erlaubte.

Man könnte an dieser Stelle trefflich psychologisieren und in den Tränen fremder Menschen über den Tod einer Lichtgestalt stellvertretend die individuelle Verzweiflung oder den individuellen Schmerz des Trauernden verhandelt sehen. Und wenn dem so sein sollte – was sagt es aus, dass Abermillionen Menschen zur selben Zeit vor dem Fernseher sitzend oder an rasch konstruierten Gedenkstätten als ein Kollektiv der Individuen den Tod einer ihnen persönlich fremden Person betrauern? Die öffentliche Bekundung der eigenen Betroffenheit anlässlich des Todes einer medial errichteten Prominenten, die in diesem Augenblick legitimierte Entfesselung von Emotionen im öffentlichen Raum, da doch der unter Verwertungs- und Verdinglichungdruck stehende Zeitgenosse auf diese Weise seinen ökonomischen Wert sabotiert, erscheint als phänomenale Antithese zu den Imperativen der Funktionstüchtigkeit. Eine Art emotionale Rebellion. Eine Art Dialektik der Aufklärung in einer Gesellschaft, deren Leistungsprinzip tiefe Emotionen bis dahin nicht zuließ. War es denn bislang nicht verpönt, am Arbeitsplatz von Tod und Trauer zu sprechen? War es bislang nicht undenkbar, im Freundeskreis vom Sterben und gar vom Tod zu reden?

Durch Lady Dianas Unfall fand die Sprache über Sterben und Trauer wieder zu sich, im mindesten endete mit ihm der Sprachverlust. Die öffentlichkeitswirksame Inszenierung öffentlicher Trauer (mit welcher Motivation auch immer) bereitete den Humus für weitere Sterbespektakel, deren spektakulärster das Darben, Siechen und Ableben von Papst Johannes Paul II. im Frühjahr 2005 war. Dessen öffentlich verhandeltes Sterben wurde bis nahe an die Grenze zum

Überdruss durch die Massenmedien in die Welt transportiert. Geblieben ist das Bild eines verkümmernden und verkümmerten Menschen, der in seinen letzten Stunden weniger Stellvertreter Gottes auf Erden denn vielmehr Stellvertreter einer Performance des Todeskampfes war. Sein Sterben wurde Alltagstheater, sein Tod der Privatheit entrissen, die Trauer um ihn zum Vehikel der Erhebung gemacht.

Durch die totale Medialisierung des Lebens und zunehmend des Todes rückte zum ersten Mal die Negation positiv ins öffentliche Bewusstsein ein. Das setzte sich vier Jahre später beim Suizid des deutschen Fußballtorwarts Robert Enke fort, bei dessen Tod im November 2009 ein öffentlich-rechtlicher Sender – im grundgesetzlich garantierten Auftrag der Grundversorgung wohlgemerkt – sein laufendes Programm unterbrach, um die durch Hannover strömende Trauermasse live zu begleiten. Im selben Jahr war der Popsänger Michael Jackson gestorben, und bis heute gibt es vor dem Hotel Bayerischer Hof im Zentrum Münchens eine inoffizielle Gedenkstätte, die weder mit Michael Jackson noch mit Musik und keineswegs mit dem Tod zu tun hat: die Statue der Wittelsbacher.

Die Tode von Lady Di, Papst Johannes Paul II., Michael Jackson und Robert Enke fungierten jeweils auf ihre Art sowohl als Katalysator einer öffentlichen Entladung von Trauer wie einer Entladung öffentlicher Trauer, die man mit Fug und Recht als Paradigmenwechsel bezeichnen kann. Ideen- und epochengeschichtlich betrachtet nämlich scheint hier das Scharnier von der Postmoderne zur Spätmoderne zu sein. Die Postmoderne stellte das Absolute zur Disposition und war Ausdruck der Diversifizierung, Differenzierung und Individualisierung. Unter ihr lösten sich festgefügte Grenzen auf und partikularisierten sich Lebenswelten. Das postmoderne Dasein seit Anfang der 1980er Jahre stand unter dem Regime der Lebensbejahung, des Hedonismus, der Optimierung und Flexibilität. Die Spätmoderne nun, eine Generation weiter, greift die postmoderne Entgrenzung und Pluralisierung zwar auf, wendet sich aber mit ebendiesen Instrumenten der Negation zu. Sie verleibt sich aber auch das bislang Verleugnete ein und macht das Verdrängte sichtbar. Dieser Wandel geschieht, wie jeder andere, nicht plump, brachial oder kataklystisch, sondern langsam, leise und schleichend.

Flankiert wird die Vernormalisierung von Sterben, Tod und Trauer durch eine plötzlich verstörend dichte Berichterstattung über Verfall und Niedergang des Menschen. Liegt der Aufmerksamkeitsschub daran, dass eine Gesellschaft, die im Strudel des demographischen Defizits Gefahr läuft, ihre Reproduktion zu verpassen, das Leben auch vom Tode her denken soll? Zumindest geschieht ebendas zunehmend. In beinahe allen Genres sind Alter, Sterben, Tod und Trauer im Wahrnehmungsraum der Massenmedien angekommen. Berichte, Reports und Reportagen in Büchern, Magazinen und Zeitungen sowie Hörfunk und Fernsehen widmen sich in großer Ausführlichkeit den letzten Dingen und jenen Entwicklungen, die zu ihnen führen. Demenz etwa ist in dem Maße zum wohlfeilen Modethema der Medien avanciert, in dem diese Volkskrankheit als eine der größten Herausforderungen der nahen Zukunft erkannt wurde. Von den Wissenschafts- über die Feuilletonseiten bis – so das Gesundheitswesen betroffen ist – in die Ressorts Politik und

Wirtschaft hinein wird dem von potenzieller Demenz bedrohten Bürger die gesellschaftliche Dimension des Demenziellen vermittelt, als sei sie erst gerade bekannt geworden. In bewährter Medienlogik werden auch hier stellvertretende Schicksale Prominenter verhandelt, weil dadurch die gewünschte Sensationsgewissheit garantiert ist – die Demenzerkrankung des Fußballmanagers Rudi Assauer etwa, jene des jüngst verstorbenen Germanisten Walter Jens oder die der ebenfalls vor kurzem verstorbenen britischen Ex-Premierministerin Margaret Thatcher.

Die Kulturtechnik der Sichtbarkeit macht den Verfall derer öffentlich, die bisher in Intimität vegetierten. Über die in die Öffentlichkeit gezerrten Bilder des kranken und in seiner Staturlosigkeit geradezu erbärmlich wirkenden Helmut Kohl zum Beispiel kann die gesamte Republik sehen, wie der körperlich und sprachlich stark geschwächte Ex-Kanzler immer mehr zerfällt. Sie kann Anteil nehmen, trauern, mitfühlen, unbewältigte Aversionen mit Schadenfreude ausagieren oder auch nicht, jedenfalls wird sie mit der Auflösung eines Menschen und seines Images konfrontiert und darüber hinaus mit der möglichen Auflösung ihrer selbst. Bilder des Vegetierens in Erbärmlichkeit schaffen zwar Nähe, aber sie verstören gleichermaßen und schreiben sich in der Erinnerung Menetekel fest.

Voyeurismus und Sensationalismus sind zwei wesenhafte und wesentliche Motivationen des Mediensystems. Wer in diesem System Empathie und wahrhaftes Interesse vermutet, mag als edler, jedenfalls naiver Charakter, wenn nicht als weltfremder Tor gelten. Ob die Ausstellung der Intimität im öffentlichen Raum dennoch zu einer geneigten, womöglich freundlichen oder von Sympathie geleiteten Annäherung an den Sachverhalt des Alterns, Vergehens und Auflösens führt, ist keine ausgemachte Sache. Es kann sein, dass unter einem Leben von Schwäche und chronischer Erkrankung öffentlich ausgestellte Demenz zu einer noch größeren Selbstabwertung der Betroffenen führt, es aber nicht notwendig auch muss. So oder so: Das Verhältnis zum Vergehen setzt ein Verhältnis zum Altern voraus, weil Altern nichts anderes als forciertes Vergehen ist.

31

Altern ist sich vollziehendes Sterben insofern, als erstens die Zeichen des Vergehens offensichtlicher werden und der Mensch zweitens die Energien wider diesen Vollzug peu à peu einbüßt. Altern per se und das Alter als solches galt bislang als Ende aller Verheißungen. Alter war das Stigma der Unbrauchbarkeit. Alle Imperative der totalen Ökonomie huldigten der Jugend, weil die Jugend verführ- und ökonomisierbar ist, und wenn sie ihr nicht explizit huldigten, so implizit, denn das Können ad infinitum, die Perfektibilität und Optimierung des Individuums als Produzent, Darsteller, Regisseur, Bühnenbildner und Beleuchter der eigenen Performance, kann nur mit dem energetischen Maximum des Leistungskörpers gedacht werden. Das Schwinden der Kräfte – und nichts anderes ist Alter biologisch gesehen – wurde und wird gleichgesetzt mit dem Schwinden des Könnens. Alter führt zum Sturz der Ich-Aktie. Alter ist Niedergang und der bleibende Rest Konkursverwaltung der eigenen Unbrauchbarkeit.

Bislang war das Definitionskriterium für Alter der Eintritt in den Renten- und also Ruhestand, auf den dann nur noch die totale Ruhe des Todes folgte. Weil Leben oft mit Arbeit gleichgesetzt wird und sich personale Identität meist als Tätigkeits-Identität versteht, nährt die zunehmende Weiterbeschäftigung der Alten die Illusion einer Gesamtverlängerung des Lebens. Nichts erscheint ja sinnloser als ein Leben, das nicht gebraucht wird.

Und nun: die Umkehr! Alter ist nicht mehr Alter. Alter ist keineswegs Schwinden des Könnens. Die Alten werden gewollt und gebraucht. Der Wandel des Alters ist ein Äquivalent zum Kulturwandel des Sterbens, von dem er nicht zu trennen ist, wenn man unter Leben zugleich Sterben versteht. Der Aufbruch in den letzten Abschnitt des vergehenden Lebens wird von der Wissenschaft mit Ergebnissen flankiert, denen zufolge das ältere Gehirn ebenso gut arbeitet wie das jüngere. Denen zufolge Menschen ab fünfzig oft glücklicher sind als junge, woran im Übrigen abzulesen ist, dass der Wendepunkt, von dem an aus amtlicher Warte sich Alter vom Nicht-Alter unterscheidet, das fünfzigste Lebensjahr ist. Untersuchungen und Statistiken der Bundesagentur für Arbeit lieferten kürzlich den Nachweis, dass die Zahl der älteren Arbeitnehmer – die sogenannte »Gruppe 60 plus« – einen neuen Rekord erreicht hat. Von einer Steigerungsrate der alten Erwerbstätigen um zwölf Prozent innerhalb des letzten Jahres, gar um einundachtzig Prozent innerhalb der vergangenen fünf Jahre ist die Rede. Die

Entwicklung insinuiert die frohe Botschaft, dass Alter ein gestaltbarer, anerkannter und belohnter Teil des Lebens ist. Ältere sind, vor allem in handwerklichen Sparten, als Fachkräfte offenbar gefragt wie nie zuvor. Die Alten leben in einer Epoche des langen Lebens, und viele von ihnen können davon ausgehen, nach ihrem offiziellen Berufsendpunkt noch fünfundzwanzig bis dreißig Jahre Leben zu haben. Das Bild des arbeitenden, fidelen, seine Erfahrungen einbringenden Alten zeigt die Verkürzung der Spanne zwischen schwindendem Leben und nahendem Tod an: Bevor das Sterben in den Tod führt, gestaltet der Mensch selbstbestimmt den letzten Abschnitt seines Lebens als gebrauchtes Vollmitglied der Leistungsgesellschaft. Die Hinwendung des Arbeitsmarktes zum alten Menschen ist mit der schieren Faktizität des demographischen Defizits begründbar und die Überalterung der Gesellschaft eine statistische Tatsache, die neue Märkte schafft. Es scheint eine zarte Ironie des bundesdeutschen Reproduktionsschicksals zu sein, dass die langjährige Fixierung der Medien- und Konsumgüterindustrie auf die »werberelevante Zielgruppe« der Vierzehn- bis Neunundvierzigjährigen – was den über Neunundvierzigjährigen beständig das Gefühl der Nutzlosigkeit suggerierte – jetzt zwar nicht ins Gegenteil verkehrt wird, aber aus strategischen Erwägungen die Jungen in ihrer ganzen tragischen Dezimiertheit als maßgebliche oder alleinige Adressaten aufgegeben werden, während man sich der Masse immer älter werdender Alter zuwendet – zumal die Jungen bekanntlich schlechte Perspektiven auf stabilen Wohlstand, stabiles Einkommen, stabile Renten und also stabile Konsumfähigkeit haben. Politiker, Autoren und Alte machen den Alten Mut, sprechen von sogenannten »Midlife-Boomern« und generieren mit einem neuen Bild vom Alter auch ein neues Bild vom Menschen.

32

Jede Gesellschaft produziert das ihr eigene Menschenbild auf das jeweils Neue oder transformiert ältere Bilder in neue Rahmen. Die Bilder des gegenwärtigen Menschen werden von Medien aller Art, darunter auch die Kreativabteilungen von Werbeagenturen, entworfen, sodann von Publizisten (wünschenswert) und Philosophen (hoffentlich) diskutiert und durch den medialen und gesellschaftspolitischen Diskurs reproduziert. Die Produzenten von Kinofilmen wie »Wolke 9« von Andreas Dresen und »Liebe« von Michael Haneke haben sich jeder üblich gewordenen Anbiederung an den Massengeschmack widersetzt und auf das eindrucksvollste Schönheit und Fratze, Lust und Verzweiflung von Alter und Altern gezeigt. Sogar die für jeden Fernsehsender fast heilige Primetime widmet sich seit einiger Zeit verstärkt dem Alter und gelegentlich dem Sterben. Im November 2012 beispielsweise brachte das Erste Deutsche Fernsehen den Mut auf, mit Dokumentationen, Gesprächsrunden und Spielfilmen eine Themenwoche zum Umgang mit dem Sterben zu senden, von offenbar notwendigen »Paten« wie dem Kabarettisten Dieter Nuhr, dem Talkshow-Moderator Reinhold Beckmann und der Theologin Margot Käßmann getriggert und bundesweit mit großen Plakaten in der Gewissheit beworben: »Sie werden sterben.«

Das geschieht natürlich nicht ausschließlich aus reiner Nächsten-, sondern auch aus Quotenliebe: Mehr Alte haben mehr Zeit mehr fernzusehen, was sie vornehmlich dann tun, wenn sie sich angesprochen fühlen. Im Abendprogramm der deutschen Fernsehsender werden über Werbefilme Idealbilder gestanzt, Probleme beschrieben und Antworten geliefert: Biolectra für vitale Waden im Alter; Doppelherz für die herzlichen Momente des Lebens; Gingium gegen geistige Leistungseinbußen. Online wirbt ein Potenzmittelversand für Leidenschaft im Alter und bietet auch dem jungen Mann Viagra, Cialis oder Levitra; in der Endmoräne des Lebens, wenn in der Abenddämmerung des eigenen Seins der Tod aufscheint, soll der Mensch noch einmal dem Auftrag der Schöpfung nachkommen. Kinder soll er nicht zeugen, aber seine Leidenschaft zelebrieren, und wenn sich die sexuelle Erregung nicht von alleine einstellt, hilft die Pille nach. *Corriger la fortune*. Das Leben auskosten bis zum Letzten – der pharmazeutisch stilisierte Hedonismus suggeriert ungeahnte Lebensqualität im Alter und treibt damit Milliarden ein. In diesem Sinne fragen auch die *Gesundexperten* der Barmer in Werbeschreiben für ihre Pflegekasse alle Mitglieder: »Möglichst lange gut und gesund leben – wer möchte das nicht?« Die Experten raten sodann, sich über eine zusätzliche finanzielle Absicherung im Pflegefall Gedanken zu machen.

Bei aller Wertschätzung für die Schubumkehr des Bewusstseins und die Verjugendlichung des Alters muss gefragt werden, ob das Bild des heiter-potenten Alten der Wirklichkeit entspricht. Ist es tatsächlich so spannend wie nie zuvor, älter zu werden? Für einen bestimmten Teil der Alten mag das zutreffen; man stellt sie sich als wandernde, mit Baedeker-Führern ausgerüstete Abenteurer in den antiken Grabungsstätten Siziliens, den Felsenkirchen Kappadokiens oder auf dem Grat des Karwendelgebirges vor. Für einen anderen, womöglich weit größeren Teil der Alten ist ihr Älterwerden pure Qual, psychisch wie physisch. Zu welcher Gruppe man gehört – gegeben, dass es zwischen Schwarz und Weiß allerlei Grauschattierungen gibt –, lässt sich mit einiger Sicherheit selbst bestimmen und hängt vom Zustand der körperlichen Fähigkeiten und Fitness und von jenem Psychosetting ab, das der Mensch im Laufe seines Lebens decodiert, wenn er sich selbst auf die Schliche gekommen ist, was man gemeinhin »Altersweisheit« nennt.

Wenn berufsjugendliche Werbe- und Medienschaffende auf das wegen seiner überraschenden Hordenhaftigkeit lukrative Zugpferd *Alter* und den lässigen Trab der Senioren zum Horizont des Lebens setzen und wenn sie in die Morgenröte der Hoffnung getauchte Bilder entwerfen, wissen wir (abgesehen von Ausnahmefällen persönlicher Betroffenheit) noch längst nicht, wie die Alten selbst ihre letzte Lebensphase erleben und beschreiben. Etwa mit den Begriffen Schwäche, Müdigkeit, Appetitlosigkeit, Hautgeschwür, Schmerzen, Seelennot, Angst und Verwirrtheit? Und was dann?

Der Steigerungsfähigkeit von Leistung und Freude sind, auch wenn man Enhancement und Körperdoping aller Art betriebe, natürliche, will heißen: physiologische Grenzen gesetzt. Die kulturkritisch gefärbte Frage hat an dieser Stelle folglich zu lauten: Zielen die strategisch agierenden Mutmacher auf das Bild des perfekten Alten, der in prallem Hedonismus auf Kreuzfahrt geht, mit strammen Waden Berge besteigt, in Misch-WGs lebt, sich verlieben und erfüllten Sex haben kann, der flexibel, vital und epikureisch lustvoll ist, kurzum: all das zu tun vermag, was auch der fünfundzwanzigjährige Junge tut? Und wird das Bild des optimierten Jungmenschen nun schlicht auf den zu optimierenden Altmenschen übertragen, ohne sich um Kanten, Ecken und die Passgenauigkeit der Bilder zu scheren?

Wie dem auch sei: Die Fremd- wie Selbstwahrnehmung des und der Alten hat zu einem retuschierten Bild des Alters in der Gesellschaft geführt, eine Restauration, die im Kontext der Reflexion über Sterben und Tod von einiger Relevanz ist. Durch die Renaissance des guten Alters und die mediale Rehabilitation des Vergehenden wird nicht nur das Sprechen über die letzte Lebensphase gesellschaftsfähig.

Jetzt ist auch jener heilige Begriff des Individualismus im Endspiel, vor dem alle stets zurückschreckten: Selbstbestimmung. Was kann das heißen, Selbstbestimmung im Alter, Selbstbestimmtheit der letzten Lebensphase? Es heißt, lautet die Vermutung, dass der alte Mensch bis zuletzt für sich und sein Leben Verantwortung ergreift und übernimmt. Selbstbestimmung ist ohne Verantwortung, Verantwortung ohne Freiheit nicht zu haben. Wer sein Alter reflektiert, kommt also nicht umhin, die Modalitäten der eigenen Freiheit zu bedenken und sich womöglich die Botschaft der Demoskopen zu Herzen zu nehmen, deren

Erhebungen zufolge jeder zweite noch nicht berentete Bundesbürger sich um die Zukunft sorgt.

33

Es war die Rede von Entfesselung, Ausweitung und der Auflösung klassischer Grenzen, von Neuformation, Partikularisierung und Fragmentierung. Des Weiteren war die Rede von suspendierter Allgemeinverbindlichkeit moralischer Regeln und gemeinschaftsbildender Regularien sowie der Selbstherrschaft des durchökonomisierten Individuums. Schießlich wurde mit einiger Chuzpe behauptet, die christlichen Gewissheiten und Konstanten vor allem der katholischen Religion seien erodiert, wenn nicht – vornehmlich in großstädtischen Gepflogenheiten – weitestgehend verlorengegangen. Nun, als Vorbereitung einer Philosophie der Lebensqualität im Sterben, werden all jene Zeichen die Grammatik einer neuen Sprache bilden – jenseits der klassischen Traditionen bürgerlicher Zivilisation.

Die Frage, wie wir sterben wollen, impliziert wesentlich jene, wo wir es wollen. Der Ort, an dem der Mensch die Welt der Wirklichkeit verlässt, ist so entscheidend, wie jener der Geburt es ist. Beide Orte markieren die blinden Flecke jedes Individuums, die beiden an einen Ort geknüpften Augenblicke, da der Mensch noch keiner beziehungsweise keiner mehr ist. Die Absage an konfektionierte Bestattung im Rahmen strenger Reglements verknüpft sich mit der Rückbindung an das Regionale, denn das Regionale ist das Vertraute: mein Stadtteil, mein Hood, mein Friedhof im Szeneviertel. Das Motto des post- und spätmodernen Lebensstils lässt sich auch auf Trauer und Bestattung übertragen: Jedem das Seine und jeder Gruppe das Ihre.

Anstoß der Alternativbewegung war die Aids-Selbsthilfe-, Schwulen-, Hospizbewegung, bei der eines wesenhaft im Zentrum der Aufmerksamkeit stand und steht: der Mensch als solcher. Und mit dem Menschen als solchem auch der Mensch an sich. Die Freiheit der Form in Sterben und Tod wird auch von denen gelebt und gezeigt, die allerlei Verkrustungen, Konventionen, Konfektionen und Normierungen aufrissen und die Gesellschaft nachhaltig veränderten. Allmählich siebzig- bis achtzigjährig sterben die Achtundsechziger in diesen Tagen im Ausklang ihrer Lebenskultur, die zu beträchtlichen Teilen lebensweltlicher Bestand der späten Moderne geworden ist. Die Menschen machen sich Gedanken, suchen sich *ihre* Särge aus, bestimmen ihre Trauerfeiern, wählen *ihren* Grabstein, legen *ihren* Bestattungsort fest, suchen sich die zu *ihrem* Leben passenden Grabsprüche – manche drastisch, manche poetisch – und zementieren über den Tod hinaus das sichtbare Profil ihrer Individualität. Sie gestalten Grabsteine in Form von Gitarren, integrieren mit dem Foto des Toten auch dessen sichtbares Bildnis, wie es über viele Jahrzehnte hinweg nicht mehr getan wurde.

In den ersten Jahren des 21. Jahrhunderts gab es also wieder Trauerzüge vom eigenen Haus zum Stadtteilfriedhof, die Kinder, die Enkel an der Seite der Urne, Freunde und Angehörige an den offenen Sarg, als aktive Mitglieder des Bestattungsvorgangs. Angehörige erzählen Anekdoten, Freunde vollziehen heidnische Rituale, Bekannte fertigen Fotobäume, alle zusammen lassen Luftballons zum Himmel ziehen. Dessen ungeachtet wird es Menschen geben, denen ihr Sterbeort egal ist. Es wird Menschen geben, die den Ort, an dem sie sterben, nicht mehr wahrnehmen. Es wird Menschen geben, denen ihr Sterben gleichgültig ist. Es wird Menschen geben, die die Ferne zum Sterben vorziehen. Es wird Menschen geben, die beim Sterben wie Lachse an den Ort ihres Ursprungs zurückkehren wollen. Die allermeisten Menschen nun, so lässt sich den Schilderungen von Ärzten, Betreuern, Pflegekräften und Ethikern entnehmen, wünschen sich ihren Tod zu Hause. Im Zuhause ist die Vertrautheit anwesend. In der Vertrautheit wohnen Treue und Vertrauen. Das Zuhause ist die bewährte Umgebung, der ästhetische und ethische Raum des Individuums. Der bewährte Raum ist die Repräsentanz des Normalen und Intimen.

All das bedeutet im Umkehrschluss: Die allermeisten Menschen wünschen sich, nicht im Krankenhaus zu sterben, weil das Krankenhaus die Repräsentanz des Abnormalen und Intimitätslosen ist. Die manchmal überzogene, manchmal einseitige, in ihrer prinzipiellen Stoßrichtung jedoch selten unbegründete Kritik am Alltag deutscher Krankenhäuser ist bekannt und schlecht zu widerlegen: Zeitnot, Kostendruck, Empathiemangel, fehlende emotionale Bedürfnisbefriedigung, fehlende Verständigung, fehlende Richtlinienkompetenz, Fließbandarbeit, Einsamkeitsängste, Nutzlosigkeitsgefühle. Das trifft auf Lebende wie Sterbende zu, aber für den krankenhäusig Sterbenden ist das Ausgeliefertsein an das Intimitätslose bedeutsamer, schließlich sind es die letzten Momente seines Lebens. Die Einlieferung ins Krankenhaus bedeutet oft genug, dass der Mensch erst zum Patienten, dann zum Fall rationalisiert, schließlich als Akte verwaltet wird. Ist der Mensch im Krankenhaus gestorben, wie über die Jahrzehnte achtzig Prozent aller Sterbenden in Deutschland, wurde der Tote gern allein gelassen, in die Abstellkammer geschoben, bis der Bestatter gegen Bezahlung die Leiche holte, die Angehörigen benachrichtigte, den Termin für Erdbestattung, Einäscherung und Trauerfeier festsetzte. Zwischen den einzelnen Vorgängen konnten Monate liegen.

Dem Tod an würdelosen Orten folgte der unwürdige Umgang mit der Leiche durch Arbeitsteilung. Die funktionale Zergliederung des Todes in der Professionalisierung seiner unternehmerischen Verarbeitung wiederum bedeutete eine rasche, effiziente und lukrative Entsorgung des Unbrauchbaren. Der Tote wurde als Ware verstanden. Notabene: *wurde*. Man hat hier im Perfekt zu sprechen, denn auch die Formen des postmortalen Umgangs unterliegen einem Wandlungsprozess – womöglich deshalb, weil ein Krankenhaus, das auf sich hält, sich Ignoranz gegenüber dem Sterbenden und dem Toten nicht mehr leisten kann, und womöglich, weil, wie zu hören ist, immer mehr Mitarbeiter aus einem humanistischen Impuls heraus in Eigeninitiative das Sterben der Krankenhäusigen würdevoll gestalten.

Gewiss kann auch beim Tod in eigener Häuslichkeit, ob Zuhause, Heim oder Hospiz, die vollendete, bedrückende Einsamkeit drohen – wenn keine Angehörigen vorhanden oder die Angehörigen an der Sterbebegleitung kaum interessiert oder sie in alle Welt verstreut sind. Die Einsamkeit des Sterbens (auch jene, die kommt, wenn man nicht allein ist) bleibt das unkorrigierbare Schicksal jedes Einzelnen. Sie zu bewältigen ist die letzte und vielleicht größte Aufgabe jedes Menschen. Aber eines darf der Mensch nie sein: zu entsorgende Ware.

34

Die mediterrane Nähe zum toten Körper hält – analog zum mediterranen Lebensstil – nun auch im unmediterranen Kulturraum Deutschlands Einzug. Den toten Körper als toten Körper nochmals zu berühren war hierzulande so verdrängt, wie der Tod selbst es war. Den Toten zu besingen mag eine Angelegenheit dörflich-bukolischer Tradition sein, wie sie der österreichische Schauspieler Klaus-Maria Brandauer kürzlich in einem Interview beschrieben hat:

> »Wenn Sie bei uns in Altaussee, in dem Ort, wo ich geboren wurde und immer noch wohne, an einem Wirtshaus vorbeigehen, und von drinnen dringt eine tolle Musik heraus und es wird irrsinnig gesungen, dann wissen Sie nicht, ob da drin eine Geburt oder eine Beerdigung gefeiert wird. Ich bild mir ein, dass ich durch meine Familie und durch tadellose Pfarrer, die ich hatte in meiner Kirche, vorbereitet bin auf den Tod.«

Das Lachen, Tanzen, Weinen, Trinken und Singen am Sarg des Toten kennt man aus osteuropäischen, die

Aufbahrung und über Tage sich ziehende Verabschiedung des Toten aus südeuropäischen Ländern, und man kann durchaus fragen, ob diese Art des Umgangs mit dem Tod einen Grad an Vorbildlichkeit erreicht, der mit Menschen- und Sterbenswürde weit mehr zu tun hat als die Gepflogenheiten unserer mitteleuropäisch-nördlichen Trauerkultur. Eine Untersuchung der national- wie regionalkulturellen Begräbnis-Stile innerhalb des europäischen Raums wäre überaus reizvoll, ist aber an anderer Stelle zu leisten. Die Begleitmusik des Sterbens, wenn man so will: eine Ästhetik der letzten Dinge, also Musik und Tanz ums Totenbett, hat es hierzulande (und am wenigsten in Großstädten) nicht gegeben. Durch die Zergliederung und Entsorgung des abgelebten Seins wurde nicht nur die Tuchfühlung mit dem Tod unmöglich gemacht, es wurde auch eine bestimmte Art der Trauer normativ verordnet, ohne als offizielle Verordnung verschriftlicht zu sein.

Bemerkenswerte Tendenzen der vergangenen Jahre deuten auch in Deutschland darauf hin, dass die bisher voneinander getrennten Teile der Einheit Sterben-Tod-Bestattung-Trauer peu à peu wieder zusammengeführt werden. Sterbehospize bemühen sich, Sterben und Tod ganzheitlich zu verstehen. Sie suchen einen passenden Termin, an dem alle, die von einer verstorbenen Person Abschied nehmen wollen, sich auch verabschieden können, nachdem der Tote abgeholt und aufgebahrt wurde und bevor er zum Bestattungsort begleitet, eventuell eingeäschert und am selben Tag beigesetzt wird. Die Achtsamkeit im Umgang mit dem Toten ist eine Form der Achtung vor ihm als gewesenes Individuum. Nicht die Begleitung der Überreste von der Trauerfeier bis zur Beisetzung im Friedhofsgelände von professionalisierten Anbietern eines Rundum-Sorglos-Pakets, sondern von Hinterbliebenen, Freunden, Bekannten verleiht dem gelebten und bewusst gestalteten Abschied die Würde, die jeder Mensch verdient. Mit der üblichen Verfrachtung des Verstorbenen im Halbstundentakt auf verwalteten Friedhöfen hat diese Art der inszenierten Trauer und Bestattung nichts mehr zu tun.

35

Dem Tod folgt vielleicht ein neues Leben, wo und in welcher Herrlichkeit auch immer, vielleicht folgt das Leben in irgendeinem Jenseits, wo und was immer das sein mag – sicher aber folgt dem Tod des Menschen die Trauer unter den Bleibenden. »Vor meinem eigenen Tod ist mir nicht bang«, schrieb die in Galizien geborene Dichterin Mascha Kaléko in ihrem *Memento,* »nur vor dem Tode derer, die mir nah sind. (…) Den eignen Tod, den stirbt man nur, doch mit dem Tod der andern muss man leben.« Trauer ist immer die Angelegenheit der Zurückbleibenden. Sie unterliegt keiner Normierbarkeit und keiner Norm. Kein Angehöriger erlebt Trauer so, wie sie kulturell, religiös festgeschrieben oder gar staatlich verordnet wäre. So, wie das Leben pluralisierte Lebenswelten und das Sterben individualisierte Sterbeweisen verzeichnet, so erfährt die Trauerkultur einen Pluralismus verschiedener Formen. Ein so verstörender wie internetgemäßer Hinweis auf die Präsenz des Kulturwandels in der postmortalen Erinnerung ist der QR-Code als Grabstein-Signum. Es dreht sich um jenes schwarz-weiße Pixelquadrat, das, mit der Smartphone-App abgescannt, quickschnell auf Homepages und somit zu Fotos, Filmen, Liedern und biographischen Details führt und seinen Ursprung als Produktwerbung der Werbe- und Marketingindustrie hatte. Der »Quick-Response«-Trauerstein dient so als Vehikel zur Versammlung aller Interessierten auf der Webside – eine vollkommen neue, innovative Form gemeinschaftsbildender Erinnerung an den nahen oder entfernten Toten.

Was von einem Menschen bleibt, ist die Inszenierung seiner Erinnerbarkeit. Die Erinnerung an das Individuum durch den selbst verfügten Trauerakt, an dessen Ende ein Name steht, der für die gewesene Einzigartigkeit bürgt: der des Verschwundenen. Der rheinländische Bestattungsunternehmer Fritz Roth beharrte, bevor er kürzlich selbst dem Krebs erlag, bis zum Ende seines Lebens auf der Meinung, die deutsche Gesellschaft könne Abermilliarden Euro im Gesundheitswesen sparen, würde den Menschen erlaubt, ihre Toten nach Hause zu holen, sie anzufassen, sich die Zeit für angemessene, individuell vollkommen unterschiedlich zu veranschlagende Trauer zu nehmen, welche eine Form der ausgeübten Liebe sei. Durch Reglementierung und verhinderte Trauer entstünden Depressionen und Traumata, deren Therapien später teuer bezahlt werden müssten. Die psychischen Nachfolgeerkrankungen eines nicht gut bewältigten Todes, heißt das, verursachen volkswirtschaftlich betrachtet Milliardenschäden, und der Gedanke, mannigfaltige Krebserkrankungen ließen sich auf nicht verarbeitete

Traumata zurückführen, ist so erschreckend wie plausibel.

Sollte das zeitgenössische Individuum jemals das Trauern verlernt haben, weil seine Emotionen es verletzlich machen und die Blöße einer Verletzung der ökonomischen Verwertungslogik kein brauchbares Konzept anbietet, dann beschreibt die Rückkehr zur gelebten, zeitlich unbegrenzten Trauer die Rückgewinnung einer wesentlichen Kompetenz des Menschlichen: eine Sprache der Trauer. Eine Grammatik der Würde. Seelsorge. Trauersorge. Nähe, Wärme und Präsenz könnten ein neues Hochamt in spirituell sensiblen Zeiten sein, sind es aber, aus Gründen amtskirchlicher Selbstreferenzialität, immer weniger bis kaum noch (notabene nicht überall und nicht überall gleich, weshalb die Pauschalierung allein Ausdruck einer Tendenz ist). Seit Jahrzehnten werden die Kirchen ausgezehrt. Sie erleiden einen Bedeutungsverlust nach dem nächsten. Sie müssen dem allgemeinen Glaubensschwund hilflos zusehen. Sie müssen Austritte hinnehmen. Sie sind mit sich, ihren Strukturen und Verfehlungen beschäftigt. Sie erfahren in zivilgesellschaftlicher Wohlfahrtspflege wachsende Konkurrenz. Sie haben unzureichende Antworten auf aktuelle Fragen der Moralen und des Zusammenhalts. Sie müssen hinnehmen, dass eine humanistische Ethik den christlichen Bezugsrahmen ersetzt hat. Ihr Führungspersonal ist zu alt. Ihr Einfluss auf die Gesellschaft schwindet. Und sie präsentieren sich zunehmend als durchökonomisierte Sozialkonzerne. Haben die Kirchen also die große Chance auf das inviduell gestaltete Trauerpastoral, auf die Ansprache der Randständigen, auf die spirituelle Begleitung der Sterbenden verpasst?

Womöglich haben sie aufs falsche Pferd gesetzt: die Jugend. Und Motorradgottesdienste mögen cool sein, liegen aber außerhalb dessen, was der spätmoderne Mensch sich zu ersehnen scheint. In beeindruckender Weltbezogenheit haben sie sich den Aderlass des Sakralen geleistet. Die Suche nach ihrem Sinn im Wertewandel der Spätmoderne hat nicht nur zur Entleerung der Kirchenschiffe, sondern auch zur Sterilität der Friedhofskapellen geführt. Sollte die zeitgenössische Lebenswelt tatsächlich ein Markt der Normen und Werte sein, auf dem jeder anbietet und bietet, verhandelt und nimmt, wäre der Ratlosigkeit vieler Pfarrer und Pastoren angesichts einer verlorenen Sprache der Trauer mit einer Symbolik zu begegnen: Nachdem die Kirchen ihre eigenen Räume als Durchlauferhitzer verraten haben, könnten sie durch die Resakralisierung ihrer Kapellen künftig wieder auf die christliche Kernsymbolik zurückgreifen, um den Zuspruch ihrer Gemeinden zu halten: die Sakralisierung der Atmosphäre in einem Raum der Stille, in dem die Erfahrung von Transzendenz erst möglich ist.

Den Zuneigungs- und Glaubensverfall der aufgeklärten und von den Kirchen enttäuschten Menschheit auf die böse Welt des Relativismus und des Liberalismus zu schieben ist in der Ära globaler Handels- und Impulsströme des World Wide Web jedenfalls larmoyant und intellektuell unredlich. Der Soziologe Hans Joas hat im »Liebesethos« und in der »Personalität« zwei der seiner Ansicht nach vier wesentlichen Herausforderungen eines in die Defensive geratenen Christentums erkannt. Übersetzte man beide in eine Sprache von Sterben und Tod, hieße die Zukunftsaufgabe eines zeitgemäßen Christentums: individuelle

Sterbebegleitung und eine Ethik des gelingenden Sterbens – mit oder ohne Sakrament.

Das Desiderat einer zeitgemäßen Trauerseelsorge ist so groß wie die Lücke, die ein mit sich selbst beschäftigter und oftmals überlasteter Klerus diesbezüglich hinterlassen hat. Die Leerstelle füllen in immer stärkerem Maße weltliche Trauerredner und erledigen die Kernaufgaben der Kirche: Tote bestatten und Trauernde trösten. Die signifikant gewachsene Bewegung der Trauerredner in Deutschland verweist auf ein wachsendes Bedürfnis der Menschen nach persönlicher Wertschätzung, individualisierter Erzählung, gemeinschaftlicher Wärme, nach sinnlicher Begreifbarkeit des Todes und auf die Bedürfnisse des Toten wie der Zurückbleibenden ausgerichtete Trauerfeiern, die auch eine Feier der Trauer als solcher ist. Darüber hinaus sind 800 000 Bestattungen im Jahr ein lukratives Geschäft und in unsicheren Zeiten ein sicheres dazu – Bestattungskultur ist ein Milliardenmarkt, denn gestorben wird bekanntlich immer und bis auf weiteres ewig.

Eine Gesellschaft, die nicht trauern kann, wird krank; eine Gesellschaft, die sich das Trauern verbietet, verdrängt; eine Gesellschaft, die mit Tod und Zeit nicht umzugehen weiß, kann Krisen nicht bewältigen. Der Umgang mit Tod, Sterben und Trauer in einer Gesellschaft ist das Spiegelbild des Lebens in ihr. Den Tod durch Erfahrung zu begreifen, den Toten durch Berührung zu greifen, die gespürte Nähe zum passierten Ende, zur Begegnung mit der Endlichkeit an sich und darüber hinaus mit der eigenen Endlichkeit, reißt einen neuen Horizont auf: die Erfahrung der Grenze des Lebens, der Grenze des Daseins.

Auf dem Land mag es noch verbindliche Regelungen geben, mögen familiäre Beziehungen funktionieren (oder zumindest der äußere Zwang einer zerrütteten Familiarität), mag das Sterben begleitet, der Tod häuslich eingebettet, die Trauer gemeinschaftlich gelebt sein. In den – vor allem protestantischen – Großstädten aber sind mittlerweile geschätzt die Hälfte aller Trauerfeiern nichtchristlich, und viele (sogar immer mehr) Deutsche lassen sich im Friedwald oder Ruheforst bestatten. Sie tun es auch deshalb, weil durch Zeitverdichtung, Zeitsyndrom, Zeitnot und eine durch erzwungene Mobilität verstreute Angehörigenschaft die Pflege eines Erdbestattungsgrabes mit Grabstein und Grabgeviert nicht mehr garantiert ist und die Vorstellung eines verkommenen, überwucherten, mit einem unleserlichen Schriftzug versehenen Grabes einer groben postmortalen Verletzung der eigenen Würde gleichkommt. Ist die Nachkommenschaft zerstritten, will das eine Kind Blumen auf dem Grab, das andere genau das nicht. Und was geschieht, wenn niemandem bekannt ist, ob der oder die Tote Blumen mochte oder nicht?

Zusammengefügt collagiert sich das Panorama einer Sehnsucht nach nichtreligiös konnotierter Sepulkral- und Trauerkultur, der zufolge der gute, gelingende Tod als Teil einer höheren Lebensqualität zu verstehen ist. Wenn Tod und Trauer in die Familie einrücken, eingebettet in die vertraute Gemeinschaft, wenn die Trauer um den Toten ein Fest zur Feier des Toten wäre, dann wäre der Tod eine erfahrbare Normalität im Leben, die, dieser Schluss liegt nahe, die meisten Ängste vor dem Sterben neutralisieren könnte. Der Sarg des anderen verweist auf den Zusammenhang von Existenz und Zeit. Der Sarg des anderen lässt den Wert der eigenen Zeit mittels der Begrenzung durch den Tod erkennen. Und wie entlastend und seelisch reinigend ist es für die Bleibenden, zu wissen, dass sie vom Geschwundenen auf gute, ausgelebte Art Abschied nehmen konnten, im Wissen darum, dass es dem Sterbenden bis zum Schluss gutgegangen ist, dass sein Wohlergehen gesichert war, dass er würdig sterben konnte.

Sich der eigenen Begrenzung, der eigenen Sterblichkeit bewusst zu sein erfordert Zeit, eine Sprache und die Würde eines Raums sowie den Kontext einer normativen Selbsterziehung der Gesellschaft zu einem Todesbewusstsein. Den Tod in seiner Hässlichkeit zu akzeptieren, ohne die Leichen einzubalsamieren, zu schminken und mit Photoshop zu verklären, ist ein souveräner Akt der Lebensklugheit – gerade in einer Gesellschaft, deren Organisationsprinzipien Jugend, Schönheit, Erfolg, Gewinn, Rendite, Fitness und Performance sind, und es durchaus möglich und gar nicht unwahrscheinlich ist, dass Menschen im Alter von fünfzig Jahren noch nie den leibhaftigen Tod gesehen haben.

Sicher ist nur, dass der Tod, wenn er mein Sterben beendet, mich als Person und als Körper ausradieren wird. Er wird mich aus der Gesellschaft löschen. Ob nach meiner leibhaftigen Auslöschung ein unlöschbares Bild von mir bleiben wird, weiß ich nicht, das weiß niemand von sich, es ist schlicht nicht zu wissen, nur zu hoffen. Ob sich jemals jemand meiner erinnern wird, kann ich nicht wissen und nicht sagen. Es wird mir egal sein müssen.

Ich weiß, dass ich zu sterben begonnen habe, in dem Maße, in dem ich weiter lebe. Ich weiß, dass der Prozess des Sterbens irgendwann den des Lebens überlagern wird, zumindest in der Wahrnehmung meiner selbst. Obwohl das Unabwendbare, Unkorrigierbare, Unbestechbare, der Tod als finales, irreversibles, von Menschenhand nicht mehr beeinflussbares Ereignis als theoretische Wahrheit im inneren Horizont aufscheint, ist das körperliche Befinden bis jetzt in einem Zustand, der an Sterben und Tod keineswegs denken lässt.

Ich würde es gern für normal und vorbildlich halten, stellte mir jemand folgende Fragen, die ich dem Jemand desgleichen stellen würde: »Hast du dich schon für ein Sterben entschieden?« Und: »Wo willst du bestattet sein?« Ist das nicht pure Existenzerhellung, die, wenn man sich auf die Einladung zur Imagination der letzten Dinge einlässt, ein herrliches Maß an innerer Ruhe zulässt, da das immerzu Verdrängte und Verleugnete dann endlich aufgelöst scheint?

Ich stelle mir eine Flussaue vor, deren zart bewachsene Ufer von prächtigen Eichen beschützt werden. Die Kronen sind mächtig, der Stamm scheint unfällbar. Rechter Hand verdichten sich Laub- und Nadelbäume zu einem mysteriösen Mischwald, und linker Hand, vielleicht auf einer kleinen Anhöhe, steht eine allen Umständen trotzende Stieleiche, deren Art seit über zehn Millionen Jahren erdgeschichtlich nachweisbar ist. Dort, an diesem Baum, wäre er innerhalb eines gekennzeichneten Ruheforsts, würde ich mir bei der zuständigen Gemeinde meinen letzten Ort sichern. Ich würde mich in den Lebensraum der Eiche einkaufen und meine Asche in einer lasierten, dunkelblau gefärbten Urne in ihr unterirdisches Geflecht versenken lassen.

Der Gedanke, im Wurzelwerk eines von mir ausgewählten Baumes weiterhin Teil des natürlichen Seins zu sein, von Leben umfangen sozusagen, ist über das Tröstliche gewahrter Stille und Andacht hinaus von wunderbarer Poesie. Die Vorstellung, meine Menschen, so sie mich überleben, die nächsten und zweitnächsten, kämen dereinst, womöglich zusammen, vielleicht nur jeder für sich, gar nicht aus reinem Zufall, sondern aus einer Sehnsucht nach gelebter Erinnerung an mich, an diesen wunderbaren, in keinerlei Gedenkzwang gepressten, von einer mächtigen Eiche behüteten Ort, eine Art Elysium, verschafft mir jetzt, da ich steuerungsfähig, weitestgehend gesund, in der Rushhour meines irdischen Lebens stehe, unendliche Genugtuung und Freude. Die Nächsten werden wissen, dass nichts von mir geblieben ist außer Sätzen, Blicken und Taten, die man erinnern kann. Mindestens neunundneunzig Jahre werden die Nachkommen meiner Menschen, so sie ein Interesse an mir haben, zur Stieleiche an der Flussaue kommen und auf das kleine, in seine Rinde verschraubte Messingschild sehen, wo mein Name steht, das schriftliche Relikt meiner einstigen Einzigartigkeit. Der Rest ist Geist. Der Rest ist Imagination. Der Rest ist Schönheit. Vielleicht werden Ameisen über den Platz der versenkten Urne mit meiner vom Erdreich gekühlten Asche gehen, sie werden ihre geschäftige Tagesarbeit verrichten, für ihre Königin neue Heimstatt errichten und Futter herbeischaffen, lagern, und die Natur, das Größte und Erhabenste, das es gibt, wird gedeihen, sterben und wachsen, gedeihen und sterben wie immer, ohne einen Gott, ohne Ursache, ohne Folge.

Ich fände äußerst schön zu wissen, dass ein Löffel meiner Asche, die nicht mehr mein Ich im eigentlichen Sinne ist, ein Löffel verbranntes Sein meiner autonomen Person, irgendwo in einem Gefäß die Zeitläufte überdauerte, weitergereicht von meinem Neffen oder meiner Nichte an deren Neffen oder Nichten als Elixier einer zufälligen Gemeinschaft, das uns über Generationen verbinden wird. Ein letztes Mal ist der Kronzeuge des Unbeweisbaren der große Philosoph der Vernunft. »Wer im Gedächtnis seiner Lieben lebt, der ist nicht tot, der ist nur fern; tot ist nur, wer vergessen wird.« Ein unvergesslicher Satz. Trost, Verheißung, Wahrheit. Kant, Immanuel.

36

Das Paradigma der Gegenwart – im Sinne der Verdichtung vielfältigster Erscheinungen gedacht – basiert auf den vier klassischen Dimensionen der Theatertheorie: Inszenierung, Verkörperung, Performance, Wahrnehmung. Durch die Theatralisierung des Lebens mittels Inszenierung und Performance wird auch der Tod sichtbarer. Wie vieles, wenn nicht alles, ist auch er zu einer Stilfrage geworden. Stil bestimmt Sein. Stil bestimmt Bewusstsein. Stil ist eine äußerst subjektive, geradezu individualistische Angelegenheit. Auch Trauer und Bestattung haben sich zur Stilfrage erklärt: Der Zeitgenosse regelt die Modalitäten des Trauerns und der Erinnerung an ihn als Regisseur seines Abtritts. Mit der Maxime der Selbstbestimmung verfügt er über den Code seiner Einschreibung ins kollektive Gedächtnis. Er inszeniert sich über den Tod hinaus. Er setzt zu Lebzeiten fest, wie er sterben, wie er bestattet, wo er begraben werden will, wie um ihn getrauert werden soll. Er entscheidet sich für die ihm gemäße Bestattungsform – als Teil einer sozialen Miniaturlandschaft auf dem Friedhof, als anonym bestattete Asche im wildwuchsartigen Friedwald, als namentlicher Part eines Baumzusammenhangs im ausgewiesenen Ruheforst. Er wünscht bei der Beerdigung bunte Luftballons, er bestellt »Knockin' on Heavens Door« oder »Stairway to Heaven« als Trauermusik, er zieht Bob Dylan Johann Sebastian Bach und Led Zeppelin Georg Friedrich Händel vor.

Äußerlich am besten sichtbar ist die maßgeschneiderte Begleitung des Individualisten in seinen Tod nach Eintritt desselben. Weil sich das Menschenbild einer Gesellschaft auch in der Weise der Bestattung ihrer Mitglieder zum Ausdruck bringt, lassen sich an den Formen des Umgangs mit Tod neu entstehende Konventionen studieren. Auf faszinierende Art verschmelzen Individualismus und Gemeinschaft, Ich und Wir, das Solitäre und Soziale, und auf ebenso faszinierende Weise prägen sich gegensätzliche Entwicklungen zu- und wertgleich aus. Sie alle besagen aber eines: Es gibt hinsichtlich der Formensprache keine allgemeinverbindlichen Regeln mehr. Trauer erfährt neue Weisen ihres Vollzugs, und Erinnerung vollzieht sich so disparat wie die Gesellschaft als solche disparat, partikularisiert und in Subkulturen zersplittert ist.

Die Ortsgebundenheit von Tod und Bestattung hat über Jahrhunderte hinweg Kultur und Zivilisation begründet und fundiert. Kulte waren ortsgebunden, und im Ort weste das Heilige, mindestens das Magische. Der traditionelle Fried- als Kirchhof um die Kirche herum war jahrhundertelang theologisch (und seit der Säkularisierung ab 1800 hygienisch begründet) der letzte Ort. Die Nähe des Toten zum Altar, der im katholischen Verständnis Jesus Christus selbst symbolisiert und im lutherischen Verständnis Christi wahren Leib und sein wahres Blut zur Vergebung der Sünden empfangen lässt, versprach das Seelenheil im Jenseits. Die katholische Tradition plaziert den Toten auf dem Friedhof an der Kirche, für Protestanten ist diese Nähe unerheblich. Unter protestantischer Hegemonie fanden die ersten Friedhofsverlegungen statt; bei zunehmender Urbanisierung wurden die Begräbnisplätze radikal nach außen verlegt. Der kirchenferne oder entkirchlichte Friedhof wurde zu einer rein funktionalen Institution, die, ästhetisch verkleidet, der hygienischen Bestattung diente. Ohne Verständnis dieser Entwicklung ist die Auflösung der Formen nicht zu verstehen. Der traditionelle Friedhof jedenfalls ist ein Auslaufmodell.

37

Zum ersten Mal in der Menschheitsgeschichte vollzieht gegenwärtig die spätmoderne Dienstleistungsgesellschaft die Trennung der traditionellen Einheit von Tod, Bestattung und Trauer durch die Entkopplung von Topos und Memoria. Mit der Verlagerung von Trauer und Erinnerung in den öffentlichen Raum des Diesseits fällt das Monopol der Kirchen auf Tod- und Trauerverwaltung für das Jenseits. Diese Entkopplung von Topos und Memoria, die Dividierung von Bestattungs- und Erinnerungsort sowie der Verlust des Friedhofs als Hof religiöser Erhöhung nach dem Tod sind weitere Variationen einer schleichenden Entkirchlichung.

Wenn also der Ort der Bestattung nicht länger der Ort der Trauer und der Erinnerung an den Bestatteten ist, erschöpft sich der Sinn des Friedhofs folglich darin, rein funktionaler Bestattungsort zu sein. Trauer, Gedenken und Erinnerung finden andernorts statt. Im realen öffentlichen Raum entladen sich Emotionen an Stellen schwerer Unfälle, wenn dort ad hoc provisorische Gedenkstätten entstehen und über die Zeit hinweg zu festen Memorials mit quasikultischem Design werden. Die sogenannten »Marterln« an den Rändern von Bundes- und Landstraßen oder blumengeschmückte Unfallkreuze mit Fotos der Verunglückten zeigen deutlich, welch hohes Maß an Trauer und Erinnerung sich an den authentischen Ort des Todesgeschehens bindet. Oder aber Trauer und Gedenken entschweben in den irrealen öffentliche Raum, in die immaterielle Ewigkeit, wo den Verstorbenen per »Digital Memorial« auf virtuellen Friedhöfen kommerzieller Portale sogenannte »Internet-Gedenkstätten« errichtet und sie im www-Gedächtnis des kollektiven Erinnerungspalasts vor dem Furor des Verschwindens gespeichert werden. Erste virtuelle Friedhöfe wurden eingerichtet, als in den frühen neunziger Jahren das Internet massenwirksam wurde. Viele Tageszeitungen haben mittlerweile digitale »Trauerhöfe« eingerichtet; privatwirtschaftliche »Erinnerungsportale« kooperieren mit Bestattungsunternehmen, und die entsprechenden Start-up-Unternehmen verzeichnen beste Umsatzzahlen. All das deutet auf neugelagerte Bedürfnisse, steigende Nachfrage und also einen wachsenden Markt hin. Vor allem die digitalen Foren sind ein wichtiger öffentlicher Ort, um Trauer zu bekunden. Hunderttausende Memorials auf Internetfriedhöfen lassen keinen anderen Schluss als den einer Sehnsucht nach Gedenken und Erinnerung in der virtuellen Omnipräsenz zu – der »Premiumeintrag« zu sozial gerechten zwanzig Euro.

Die Entkopplung von Topos und Memoria hat nicht nur zum Bedeutungsverlust des traditionellen Friedhofs, sondern über die Zeit hinweg auch zur Entkörperlichung der Toten durch die Feuerbestattung geführt. Zeitgleich zur Funktionalisierung der Bestattung folgte ab 1870 die Technisierung des Todes durch die Verbrennung im Krematorium – in Deutschland zum ersten Mal im Jahr 1877. Dass die Katalysatoren dieser Entwicklung vornehmlich in protestantischen Großstädten zu finden sind, ist der historischen Genese geschuldet. Feuerbestattung war bis weit in die zweite Hälfte des 20. Jahrhunderts hinein eine reine evangelische Angelegenheit, weil sie den Katholiken bis zum Zweiten Vatikanischen Konzil 1962–1965 amtskirchlich untersagt war. In den mit ausgeprägterer Liberalität umflorten Städten des deutschen Nordens finden heute größtenteils oder gar ausschließlich Feuerbestattungen statt. Was ist daraus zu lernen? Dass die Entkopplung von Topos und Memoria erstens, die Funktionalisierung des Begräbnisses zweitens und die Technisierung des Todes durch die Feuerbestattung drittens Voraussetzungen für etwas waren, das dem behaupteten Kulturwandel abermals bestätigt: eine Kultur der Asche.

Asche entspricht dem Geist der Zeit. Asche ist mobil. Asche lässt sich teilen. Asche lässt sich portionieren. Sie lässt sich zu einem Teil als Diamant pressen, zu einem Teil verstreuen, zu einem Teil auf dem Friedhof beisetzen, zu einem Teil ins Meer streuen. Ein toter Körper ist nicht teilbar. Ein toter Körper ist die materielle Hypothek eines Missverständnisses: dass die Verwesung und Verrottung dem Leben danach zuträglicher seien. Während die kirchlich-christlichen Bestattungsrituale um den traditionellen Friedhof an Prägekraft und Attraktion verlieren (notabene: nicht überall gleich stark, nicht überall gleich gern, nicht für jeden zum Vorteil), wächst vielerorts – und nicht mehr nur in gesellschaftlichen Nischen – die Sehnsucht nach außerchristlicher Spiritualität durch Anrufung des Waldes. Die letzte Ehre für den Toten besteht in der Ehrbezeugung gegenüber »seiner« Natur. Die Sehnsucht nach der Verschmelzung mit jener Natur, aus der er kam, nach einer Einbettung ins Gewebe der Natur, wie es vor hundert Jahren schon einmal nachweisbar ist, erzählt von einem neuen Verständnis von biós, von Leben und Natur im Sinne des Lebens *als* Natur.

Der explizite Naturbezug geht einher mit zwei anschwellenden Strömungen in der Gegenwartsgesellschaft: der Idee ökologischer Nachhaltigkeit und biologischer Authentizität sowie der Lust am Regress ins Ritual. So gut wie alle Zeremonien, die in vormodernen Kulturen mit dem Numinosen und Geheimnisvollen verbunden waren – Geistbeschwörungen etwa, Sonnenwendfeiern, Opferkulte –, sind im Zuge einer unterkühlten Zweck-Mittel-Rationalisierung des technischen Fortschritts entzaubert und entwertet worden. Doch die helle Ratio, die Axt der Vernunft allein, schlägt schon lange keine Bresche mehr zum Glück. Weil selbst das selbstherrschaftliche Individuum ans Übersinnliche andocken will, gehen Notare auf schamanische Reisen nach Hawaii, pilgern Bankangestellte zu den Urmenschen des peruanischen Regenwalds, besuchen Lehrerinnen aus dem mittleren Bürgertum Wochenendseminare, Workshops oder spirituelle Sommerakademien mit dem Titel *Aus der Fülle des Nichts,* um sich bei einem Fest der Sinne in Meditationen, Kontemplationen, Wanderungen, Tanz und Shiatsu an ihre Quelle, an ihren Ursprung zu wagen. All das verweist auf den Wunsch nach Übersetzung des kleinen Ich ins große Ganze. Der Blick geht dabei immer nach oben, dorthin, wo es offen und unbestimmt ist, weil unten doch alles bestimmt und determiniert scheint.

Zu Asche geworden lassen sich die Menschen verstärkt in Ruheforsten, Naturfriedhöfen und Parklandschaften bestatten, im Freundeskreis um einen bestimmten Baum herum, anonym oder mit Namensangabe ohne Hinweis, jedenfalls zunehmend auf eine Art und Weise, die zwar der gesetzlichen Friedhofspflicht entspricht, dieselbe allerdings auf neue Orte überträgt. Man hat sich zu vergegenwärtigen, dass der erste deutsche Waldfriedhof bei Kassel zur Zeit seiner Einrichtung 2011 noch illegal war. Weil die Landesforstverwaltungen Geld brauchten und weil die Befürchtung eines Exodus in die Friedwälder der Schweiz gut begründet war, wurden in den vergangenen Jahren sämtliche Gesetze geändert. Mittlerweile existieren – der Schweizer Idee folgend – in Deutschland über vierzig Friedwälder und über vierzig Ruheforste. Ein Ruheforst oder Friedwald muss dem Gesetz zufolge auf der Forstkarte als ausgewiesener Bereich erkennbar und in den südlichen deutschen Bundesländern eingefriedet sein; Waldbestattung unterliegt Länderrecht. Ein Friedwald ist, so die offizielle Charakteristik seiner Betreiber, ein befriedeter Bezirk in naturnahem Waldgebiet, in dem die Jagd meistens ruht und die Lebenden zur Erholung verkehren. Geschmückt werden die Gräber nicht, man setzt auf den Schmuck der Naturschönheit von jungen Laubbäumen. Vorteile hat ein Bestattungswald für viele: Er sichert Arbeitsplätze, schützt den Wald vor Abholzung und bewahrt das landschaftliche Gepräge durch ein auf neunundneunzig Jahre angelegtes Konzept. Man sichert sich zu Lebzeiten »seinen« Baum, einen eigenen oder den einer Art Toten-WG, entrichtet eine Einmalgebühr für neunundneunzig Jahre, im Schnitt zwischen tausend und siebentausend Euro. Und auch das ist tröstlich: Seit der ersten Friedwaldbestattung ist es noch nie vorgekommen, dass ein Wildschwein eine Urne ausgegraben hätte, weil Wildschweine augenscheinlich weder Keramik noch menschliche Asche goutieren.

39

Als bestes Beispiel für alle spätmodernen Entwicklungen dient, um es Pars pro Toto zu konkretisieren, der Hamburger Friedhof Ohlsdorf, noch immer einer der weltgrößten Totenhöfe. Aus hygienischen Gründen seit jeher vor den Toren der Stadt gelegen, fungiert er mittlerweile als städtischer Parkfriedhof, eine Art Landschaftsgarten, der der Pluralisierung und Partikularisierung innerhalb der partikularisierten, pluralisierten Gesellschaft aufs sichtbarste Rechnung trägt. Eine aufgeklärte Verwaltung hat einst nicht nur die *kulturelle* Funktion des Friedhofs richtig erkannt, sondern dieselbe mit ökonomischen Notwendigkeiten verknüpft. Als die Menschen vermehrt zu den Stadtteilfriedhöfen abwanderten, bot man ihnen im entfernten Ohlsdorf mehr als das: Man bot das kleine Paradies im Großen, einen Park der unbegrenzten Möglichkeiten. Es wurde ein Abschnitt für Totgeburten eingerichtet, eine Rasenfläche für anonyme Beisetzungen von Zehntausenden Urnen, ein ausgewiesenes Feld für Diakonissen, ein unkrautreicher Ruheforst mit Urnengräbern um Stieleichen, Rotbuchen und Waldkiefern, das Gemeinschaftsgrabfeld der ersten Aids-Toten der Stadt. In der Nähe liegt der von einem gemeinnützigen Verein betriebene »Garten der Frauen« im Geiste der Frauenbewegung, auf dem bedeutende (und also keineswegs prominente) Damen begraben sind und wo Muße, Poesie, Ruhe, die Üppigkeit von Rhododendronbüschen und die Ästhetik des Arrangements kaum das Gefühl eines Totenhofs als vielmehr das einer postmortalen Heimat aufkommen lassen. All das sind für die Gegenwart typische Gruppenbildungen im allgemeinen Individualismus, Begräbnisanlagen jener Sozietät, der sich das Individuum zeitlebens oder zumindest zuletztlebens zugehörig fühlte – Gemeinschaftsgräber von Fußballfans, Kirchengemeindemitgliedern, Kegelvereinen und Anhängern bestimmter Bands. Die Zugehörigkeit zu einem Bestattungsort definiert sich also soziologisch, nicht konfessionell oder traditionell.

Aids-Tote, könnte man nun einwenden, seien als Abbild der Gesellschaft nur partiell repräsentativ. Der Einwand ist richtig und falsch zugleich. Richtig, weil Aids-Kranke häufig aus dem üblichen sozialen Umfeld der Familie und dem Heimatort herausgelöste

Menschen waren und sind und als von vielen immer noch skeptisch beäugte Zeitgenossen nicht der Mehrheitsgesellschaft entsprechen mögen. Falsch, weil sie häufig sehr gebildet und in medialen Zusammenhängen aktive Menschen waren und sind, weshalb sie, als Speerspitze einer kulturellen Libertinage, katalysatorische Wirkung auf die Bestattungskultur innerhalb der neuen Ars moriendi haben. Dieselbe ernst genommen, dürfte man nicht mehr vom bürgerlichen Zeitalter sprechen, sondern von einer postbürgerlichen Ära neuer Lebensbezüge und -beziehungen, in der nichts mehr vorgezeichnet, nichts mehr berechenbar, nichts mehr verallgemeinerungsfähig ist. Mit großer Gewissheit richtig ist die Erkenntnis, dass Bestattung nicht länger als Hochamt der christlichen Zivilisation mit verbindlichem Regelsatz fungiert, sondern Ausdruck eines weitgehend spiritualisierten, zunehmend entkirchlichten, wenn nicht entchristlichten Lebens in der Unverbindlichkeit pluralistischer Lebensverhältnisse ist, in dem es durchaus dem Zufall geschuldet ist, in welcher Bindung sich der Einzelne an seinem Lebensende befindet. Der postbürgerliche Bestattungswandel ist eine bemerkenswerte Aussage über die emotionale Bindungskraft sozialer Gruppierungen im Patchwork der Lebenswelten. Zum einen.

Zum anderen schlägt auch hier die Individualisierung durch und deutet die Gestaltung einzelner Grabmäler auf eine sehr persönliche Regie – auf die Inszenierung der eigenen Person mittels jenes Bühnenbilds hin, unter dessen Dekor der Verstorbene der Nachwelt begegnen will. Es gibt beeindruckende Beispiele für ein egozelebrierendes Größenbewusstsein wohlhabender, einflussreicher, prominenter und halbprominenter Persönlichkeiten, das früher zu gigantischen Mausoleen führte und dies vereinzelt auch heute tut. Im späten 19. Jahrhundert, als beginnender Wohlstand durch industrielle Revolution und kapitalistische Organisationsform die gesellschaftlichen Unterschiede aufbaute und zementierte, manifestierte sich die Drift zwischen Arm und Reich auch auf den Friedhöfen: die Überlegenheit der Ober- gegenüber Mittel- und Unterschicht, der letzte und bleibende Code für ein gelungenes, weil reiches Leben. War das Mausoleum einst die Distinktionsform des Adels, repräsentiert der bombastische Grabstein heute die Eitelkeit der Nouveau Riche.

Das Resultat der deutschen Friedhofsgeschichte ist heute in der Koexistenz des Unvereinbaren zu sehen, da auf manchen Friedhöfen der Republik die anonym bestattete Urne neben dem Prachtbau mit Schriftzug in Blattgold zu finden ist, zwischen denen fünfstellige Euro-Beträge und die Erkenntnis liegen, dass der Tod alle Schichten eint.

40

Anonymität war und ist das Paradoxon einer ich-zentrierten, subjektsüchtigen, narzisstischen Epoche des radikalen Individualismus. Gleichermaßen ist die anonyme Beisetzung als Form gewollter Erinnerungslosigkeit entweder Ausdruck einer freiwilligen Tilgung aus dem Gedächtnispalast der Menschheit als selbst verfügtes Statement, nichts und niemandem mehr zugehörig sein zu wollen. Oder sie ist Ausdruck kompletter Vereinsamung und Atomisierung, da jede Form von Familie verlorengegangen ist und der oder die Tote post mortem niemandem die Pflege des Grabes und somit die Arbeit der Erinnerung auflasten will. Für Angehörige mag die komplette Anonymität eines Verstorbenen entweder Entlastung oder eben Belastung bedeuten, da kein Ort zur erinnernden Vergegenwärtigung des Menschen nach seinem Tod zur Verfügung steht – ein Baum, eine Wiese, ein Grabstein, ein eindeutig definierter, materieller Platz als Heimat für Trauer.

Wenn es eines Beweises für die These vom Zerfall der Traditionen und Familien bedarf, so ist er in der nach wie vor hohen Zahl an anonymen Beisetzungen zu finden. Der namenlose Tote ist eine Reaktion auf den Verlust der familiären Homogenität durch permanente Mobilität und Wurzellosigkeit. Mit der lang waltenden Amnesie den Tod betreffend, bedingt durch das Trauma der verschuldeten und erlittenen Sterbensorgien zweier Weltkriege, das über Jahrzehnte hinweg zur Verleugung und Verdrängung des Todes geführt hat, ließ sich lange Zeit tatsächlich von einem Verlust der Erinnerung sprechen. Die ausgekühlte Gesellschaft war unempfindlich für die Wärme zeremonieller Empathie.

Schnitt. Das ist passé. Durch seine zunehmende Sichtbarkeit im medialen, virtuellen, realen und öffentlichen Raum ist der Tod in den Alltag zurückgeholt worden. Tod erfährt Transparenz. Transparenz entdämonisiert. Transparenz macht sichtbar. Die Sichtbarkeit des Todes – selbst in der Inszenierung seiner Umstände – beendet seine Verleugnung durch die

Sichtlosigkeit. Seit dem Umschwung ins dritte Jahrtausend sorgt das spätmoderne Individuum für eine neue Sprache der Erinnerung, an allen herkömmlichen Codes und Regeln vorbei, im wachsenden Bewusstsein der Hoffnung, dass ausgesprochene und versprochene Sterbenswürde das Adelsprädikat unserer Tage sein könnte.

V

Die allerletzten Dinge

Kann man überhaupt zum richtigen Zeitpunkt sterben?«, lässt der englische Schriftsteller Julian Barnes in seinem Roman *Flauberts Papagei* den Arzt Geoffrey Braithwaite räsonieren, und es ist ein Gebot intellektueller Redlichkeit, dass meine persönliche Antwort am Ende dieser Betrachtungen über Sterben, Tod und Trauer lautet: Ich weiß es nicht.

Zu einem gelingenden Leben gehört gewiss ein gelingender Tod, dem gelingenden Tod voraus geht gewiss gelingendes Sterben, dem gelingenden Tod folgt gewiss gelingende Trauer. Die erste und letzte Frage heißt: Wann ist was gelingend? Und wodurch, für wen und wie lange?

Gelingend sind Sterben, Tod und Trauer, wenn sie erlauben, das Leben vom Tod her zu denken und das Ende als natürlichen, dem Anfang eingeschriebenen Akt zu verstehen. Über den Tod zu reden heißt, sich über das Leben zu verständigen. »Die Beschäftigung mit dem Tode ist die Wurzel der Kultur«, vermerkte, klug wie immer, der Schweizer Dramatiker Friedrich Dürrenmatt, und die Frage, auf welche Weise die jeweilige Kultur sich mit Sterben und Tod beschäftigt, ist, über ihr Selbstverständnis hinaus, immer auch eine Aussage über ihr Menschenbild.

Natürlich kann der Sinn des Lebens nicht darin bestehen, sich ständig mit dessen Ende zu beschäftigen. Natürlich lebt man nicht, um ständig sein Sterben zu reflektieren und dem eigenen Verfall die Weihen höchster Aufmerksamkeit zu verleihen. Wer will sich schon vierundzwanzig Stunden am Tag mit Sterben und Tod beschäftigen, da das Leben doch darauf ausgerichtet ist, den Tod unbedingt zu vermeiden, um Sinn zu haben?

Wer sein Leben aber vom Tod denkt, denkt es in der Würde seiner selbst. Er verlagert den Wert des Lebens. Er denkt es vom Ende her und kann die Qualität ermessen, die in der Lebenszeit steckt. Aus Sorge um die Würde am Ende trifft er zu Lebzeiten Vorkehrungen für den Tod. Im praktischen Fall schafft er dadurch eine Wertverlagerung und vollzieht das Leben bewusster. Im philosophisch edlen Fall führt das *Memento mori,* das jahrhundertelang für die Definition des Lebens maßgeblich war, zur Erkenntnis: Wir haben kein Anrecht auf ein Morgen. Der Ausdruck »Memento mori« entstammt dem mittelalterlichen Mönchslatein und war eine verkürzende Ableitung der Sentenz *Memento moriendum esse* – »Bedenke, dass du sterben musst«. Sie variiert die Sentenz, die die Römer ihren Feldherren bei deren triumphalen Einzügen soufflierten: »Bedenke, dass du sterblich bist.« Die Form unreligiöser Demut ist ein Symbol der Vanitas, der Vergänglichkeit des Irdischen, und insofern ist sie eine wertvolle Paraphrase jeder neuen Ars moriendi. Wir lernen sterben, wenn wir Menschen- mit Sterbenswürde übersetzen, wenn wir Sterben und Tod ins Leben zurückholen, wenn wir den Tod begreifen, indem wir den Toten greifen, wenn wir Sterben spüren, indem wir den Sterbenden befühlen. Stellen wir uns vor, Kinder hätten, wie in früheren Gemeinschaften üblich, direkten, sinnlich-haptischen Kontakt zum verstorbenen Onkel, Großvater, Vater, zu Tante, Großmutter, Mutter – nie würden sie doch, ins Arrangement der letzten Dinge mit einbezogen, den Toten als Ware begreifen. Je näher man dem Tod und den Toten leiblich kommt – kann man nicht desto unbefangener mit beidem umgehen?

Der richtige Zeitpunkt zu sterben, um Barnes' Frage aufzunehmen, ist aus meiner Sicht gegeben, wenn die Pfeiler einer zeitgemäßen Ars moriendi als konventionelles Recht auf einen guten Tod selbstverständlich sind. Es ist also an der Zeit, das antike Prinzip des Memento mori in eine gegenwartskluge Übersetzung zu bringen. War man früher auf gnädige Nächstenliebe angewiesen und hat sie in intakten Großfamilien womöglich als selbstverständliche Norm erfahren, muss Sterbebegleitung in der Epoche radikaler Individualisierung, Optimierung und Selbstherrschaftlichkeit von anderer, administrativer Güte sein. Jeder Mensch müsste die Sicherheit besitzen, im Falle des Sterbens nach *seinen* Vorstellungen in den Tod zu gehen. Er müsste auf Schmerzlinderung und Vertrautheit setzen können – als eine Art Menschenrecht, das Menschen- mit Sterbenswürde gleichsetzt, juristisch aber nicht einklagbar sein kann. Menschenwürde als Sterbenswürde verpflichtet den Einzelnen zur Achtung der Würde des anderen in Sterben und Tod. Barmherzigkeit, scheint mir, ist zu sehr menschlicher Willkür und dem Zufall untertan, als dass sie alleiniges Motiv sein könnte, dem Sterbenden in Sterbenswürde seine Angst vor dem Schmerz und dem Nichts zu nehmen.

Der Respekt vor einem selbstbestimmten, in Freiheit geführten Leben ist der Respekt vor dem Recht, sterben gelassen werden zu dürfen. Das Sterbenlassenkönnen ist mehr als Fahrlässigkeit oder Kapitulation vor dem Unausweichlichen eine humanistische Tugend, und im Himmelreich einer Ethik ohne Gott nimmt der Mensch sein Sterben selbst in die Hand. Bei aller berauschenden Ich-Erhebung endet der Herrschaftsanspruch aller heroisch um sich selbst kreisenden Individualisten bei der Kontrolle der Kontexte, in die wir immer schon eingebettet sind. Sie enden beim Tod. Sie enden bei der Frage: Wie will ich sterben, wenn ich es schon muss?

Nach allem, was mir im Laufe des Nachdenkens und Räsonierens in den Sinn gekommen ist, besteht die Kunst des gelingenden Sterbens in folgenden vier Erkenntnissen:

Erstens im wahren, also bewussten und ständigen Wissen darum, dass ich sterblich bin, dass alle sterblich sind, der Freund, die Freundin, der Bruder, der Chef, das eigene Kind, man selbst. Dass jeder, der lebt, zwangsläufig vergeht, und niemand, der ein Mensch im Sinne des Menschlichen ist, etwas Klügeres tun kann, als seine Endlichkeit mit der Gelassenheit des Schicksalsempfängnisses hinzunehmen. Das Hinnehmenkönnen, das Nichtleistenkönnen, ist eine ebenso immense Fähigkeit wie das Leistenkönnen. Vielleicht ist es sogar die höchste Fertigkeit eines sich selbst bewusst seienden Lebens.

Zweitens in der strukturellen Sicherheit, nicht auf Gnadenakte, Barmherzigkeit oder Nächstenliebe angewiesen zu sein (wie schön, wenn man sie dennoch erfahren kann!), sondern jetzt und in Zukunft auf die staatlich-gesellschaftlich geschaffene Basis einer möglichst garantierten, palliativ bewirkten Schmerzfreiheit vertrauen zu können. Ohne Vertrauen in die Struktur eines menschenwürdigen Sterbens bleibt die Angst vor dem Tod lebensleitend. Ohne Wissen um eine sich ständig verbessernde Schmerzlinderungsmedizin, ohne Wissen um die Möglichkeit eines hospizischen Geborgenheitsraums und das eigene Sterben einfühlsam begleitender Menschen, ohne Wissen um eine von mir selbst gewählte postmortale Heimat unter einem Baum oder wo auch immer wäre das Leben schlecht erträglich.

Drittens in der Möglichkeit eines Suizids in rechtlich legalem Rahmen, der, ob assistiert oder nicht, meine ureigene Selbstverfügung ist, der Gipfel der Selbstbestimmung, das logische Ende der Selbstherrschaftlichkeit. Dafür die letzte Tranche zu bewahren wäre lebensklug, eine Art Kredit für den eigenen Tod, den man sich zu Lebzeiten ausstellt. Die Rendite einer Investition in den guten Tod bestünde im Glück, ihn nicht überlistet, aber gestaltet, ihm seinen Schrecken genommen, sich ihn einverleibt und somit entdämonisiert zu haben.

Viertens in der Überzeugung, dass die ethischen und moralischen Verdikte der Gesellschaft mittlerweile so weit entchristlicht zu verhandeln sind, dass Ärzte, Pfleger und Angehörige es als Ausweis konfessionsloser Humanität und humanistischer Pflicht dem Menschen an sich gegenüber ansehen, einen irreversibel Sterbenden auch sterben zu lassen. Und ich übe Widerstand gegen alle Normen und Gebote, die mein Wohlergehen minimieren und meine Sterbenswürde untergraben.

Eine zeitgemäße Ars moriendi erfordert von jedem Einzelnen das geschärfte Bewusstsein, dass gutes Leben auch gutes Sterben bedeutet. Für diesen Bewusstseinsfokus ist keine Berufung auf Gott nötig, sie ist im Gegenteil geradezu hinderlich, weil Gott dem Einzelnen die Verantwortung für sein Leben streitig macht, ohne in Leistung zu treten. Gottgläubige ergeben sich in ihr religiös determiniertes Schicksal, was aller Ehren wert ist, andere hingegen müssen lernen, wie sie gegenüber sich selbst verantwortlich sterben. Das wiederum, das verantwortliche Sterben, heißt, sich rechtzeitig und immer wieder der eigenen Autonomie zu versichern, sich der Selbstverfügung klarzuwerden, die Anrufung der Selbstbestimmung zu spüren und für sich und andere erkennbar jenen Weg zu skizzieren, auf dem man dereinst sterben möchte, um in Ruhe leben zu können, weil man schließlich, sollte das Ende unverhofft und unerwartet eintreten, auf das Unvermeidliche vorbereitet ist.

Vielleicht ist es noch nicht so weit, wie dieser Essay insinuiert. Vielleicht begreift die große Zahl der Menschen den Tod noch nicht als dem Leben zugehörig. Vielleicht wird der Tod noch immer abgespalten, verleugnet, verdrängt. Vielleicht verschlägt es den meisten noch immer die Sprache, wenn sie von den letzten Dingen zu sprechen haben. Vielleicht muss man dem Mainstream der Menschen auf der Suche nach bedingungsloser Wunscherfüllung mit Skepsis begegnen. Vielleicht werden nur wenige das Thema Sterben, Tod und Trauer bereitwillig in ihr Leben lassen. Vielleicht ist noch lange nicht Standard, auf normale Weise über Sterben und Tod zu sprechen wie über Erfolg, Aufstieg, Freude und Glück. Vielleicht klären noch viel zu wenig Menschen zu Lebzeiten ihre Bestattungswünsche. Aber täuschen die Zeichen nicht, befinden wir uns mitten im Wandel zu einer Kultur des gelingenden Sterbens. »Wer den Tod fürchtet«, beschied uns der präromantische Dichter Johann Gottfried Seume, »hat das Leben verloren.«

Nun – ich lebe. Jetzt. Hier. In größter Freude, in hehrem Optimismus, in Lust, Liebe, Erfülltheit und Genuss. Also stelle ich mir gerade jetzt meine Sterbensverfügung aus und bin somit zu jedem Zeitpunkt für den Tod gerüstet. Ich informiere mich über schmerzlindernde Medizin, über ambulante wie stationäre Palliativangebote, über Wege ins Hospiz, über passive und aktive Sterbehilfe, über Tötung auf Verlangen, den assistierten Suizid, über die Form meiner Bestattung zu Erde oder durchs Feuer, über den Ort oder die Orte meines Grabes oder des Verstreutseins meiner Asche. Ich suche Verbündete in meinem Kampf um den würdevollen Tod und setze die mir nächsten Menschen in Kenntnis über die gewünschten Umstände meines Sterbens. Ich hole mir die Zusicherung ein, dass im Falle des irreversiblen Sterbevorgangs in meinem Sinne entschieden wird, weil ich die über mich Entscheidenden vorher über diesen meinen Sinn aufgeklärt habe. Ich bitte um die gelebte Verantwortung meiner Partnerin, meines Partners, des besten Freundes, der besten Freundin, des Bruders, der Schwester, des Neffen, der Nichte, und wenn es in einem Leben beklagenswerter Einsamkeit keinen dieser Menschen für mich geben sollte, so bitte ich um einen Sterbehelfer, dem ich im Falle *seines* Sterbens ebenso zur Sterbenshilfe verpflichtet bin. Könnte denn nicht im gelingenden Sterben, in Beihilfe und Begleitung, neben praktizierter Liebe der praktizierte Tod der

Sinn einer jeden Kleingemeinschaft und also auch der Ehe zu sehen sein? Und ist es, nebenbei gesagt, dabei nicht vollkommen gleichgültig, ob der Ehepartner gleichgeschlechtlich ist, solange seine oder ihre Verantwortung für mich und meinen Tod wahrhaft, redlich und sterbenswürdig ist?

Die Schweiz, Frankreich und England sind, wie so oft in Angelegenheiten der letzten Dinge, bedeutende Schritte weiter als das aus seiner Todesverdrängung allmählich erwachende Deutschland. Unsere europäischen Nachbarn führen uns seit kurzem vor, mit welch simpler Kreativität eine Sprache vom Tod wiederzugewinnen wäre. Aus jenen Nachbarländern erhalten wir Kunde über das, was vor mindestens hundert Jahren der europäischen Zivilisation hohe Dienste erwiesen hat: das Kaffeehausgespräch. In sicherer, geschützter, vertrauensvoller Umgebung, zu Kaffee, Tee und süßen Köstlichkeiten, versammeln sich in immer mehr Orten und Städten dieser Länder Gleichgesinnte und sprechen, nein, nicht über Kunst und Kultur (dies in gewissem Sinne natürlich auch), nicht über Politik und Krieg (auch das im übertragenen Sinne), sondern über den Tod. »Cafés Mortels« oder »Death Cafés« sind Veranstaltungen von Menschen für Menschen, um den Tod aus seiner Geheimhaltung zu befreien, um, so lautet die Zielsetzung des Spiritus Rector, »das Bewusstsein für den Tod zu schärfen und den Menschen zu helfen, das Beste aus ihrem endlichen Leben zu machen«.

Zu vernehmen ist ein offenbar besonders hohes Interesse bei der Jugend, eine große Zahl der Gäste, wird berichtet, soll im jugendlichen Alter zwischen zwanzig und dreißig Jahren sein. Aus der Idee ist mittlerweile eine in die weite Welt ausstrahlende Bewegung geworden, real und im Netz, Richtung Australien, Lateinamerika und die USA, wo wöchentlich neue Cafés eröffnen, Gruppen sich finden, Menschen Ängste und Sehnsüchte, Wünsche und Träume bekennen. Wie aus all diesen Ländern zu hören ist, ist das Death Café für viele Kranke und Nichtkranke der einzige Ort, an dem sie, zur Unfähigkeit, zum Verschweigen, zum Sprachverlust erzogen, über Sterben und Tod sprechen können, an dem sie sich trauen, konkret zu reden, in der Lage sind, das Tabu zu heben, den Mut haben, der Anonymität des spätmodernen Lebens die Nonymität des Todes entgegenzusetzen. An dem sie eine und ihre Sprache des Sterbens und des Todes entwickeln können.

Könnte sich auf diese Art mittelfristig die allgemeine Moral und daraufhin das Recht zugunsten einer angewandten Sterbenswürde ändern? Moralische Normen entstehen über die Zeit hinweg. Erst werden sie zu einem konventionellen Recht, sagen wir: einem Gefühl und Bedürfnis, das Recht auf den eigenen Tod zu haben. Bildet sich so ein Zeitgeist heraus, ein Geist der Zeit, eine in der Zeit sich generierende normative Selbstverständigung, kann es sich das materielle Recht, welches eine Gesellschaft zur Achtung des Gesetzes verpflichtet, gar nicht leisten, im Randbezirk dieses Geistes einer neuen Zeit gegen denselben überkommene Vorstellungen zu stemmen. Bliebe das Recht in einem großen Bereich außerhalb dieses Geistes, müsste man es abschaffen, weil es niemand mehr verstünde. Wenn Recht aber handlungsleitend sein soll, muss es dem Geist der Zeit Folge leisten.

Das Diesseits, ohne Zweifel, ist ein mühsames Geschäft. Diskurs, Verhandlung und Verantwortung fordern von jedem Einzelnen dieser Tage eine hohe Bereitschaft zu Disziplin und Partizipation. Manchmal wiegt die Last der Selbstverantwortung erfahrungsgemäß reichlich schwer, kann einem die Abstinenz wohlfeiler Erlösungsphantasien übel zusetzen und Lücken reißen, die nie mehr zu stopfen sind.

Den Tod tatsächlich selbst zu bestimmen gelingt beileibe nicht allen, und es mag Menschen geben, die es als Druck und Zwang empfinden, ihren Tod gestalten zu müssen, weil sie ihn gestalten *können,* weil sie ihn gestalten *können sollen,* Menschen, die sich vielmehr durch die Volten des Ungewissen entlasten und sich dem Schicksal anheimgeben wollen, die nach der Last der permanenten Eigenverantwortung für das Leben nicht auch noch mit der Eigenverantwortung für den Tod belastet sein wollen. All das ist so nachvollziehbar wie verständlich, und dennoch dräut, als Mahnung am Horizont, der Satz des Sigmund Freud: »Wenn du das Leben aushalten willst, richte dich auf den Tod ein.«

Introspektion 5

Kürzlich las ich eine Meldung über den Tod des belgischen Zellbiologen und Nobelpreisträgers Christian de Duve, der im Alter von fünfundneunzig Jahren aktive Sterbehilfe in Anspruch genommen hatte und es tun konnte, weil dieselbe in Belgien im Rahmen bestimmter Bedingungen seit 2012 legal ist. Je weiter ich las, desto mehr beeindruckte mich die Souveränität, mit der dieser ebenso hochrespektierte wie hochdekorierte Mann aus dem Leben gegangen ist – zu Hause, im Kreise seiner Familie, in Vertrautheit und Geborgenheit, durch die Hand zweier Ärzte. Der schwer krebskranke de Duve hatte die letzten Wochen seines Lebens damit verbracht, seine Freunde und Kollegen in Briefen und Gesprächen über seinen Sterbewunsch zu informieren, und schließlich der Zeitung »Le Soir« Auskunft über seine Gedanken zum Tod gegeben: »Es wäre übertrieben zu sagen, ich hätte keine Angst vor dem Tod, aber ich habe vor dem Danach keine Angst, denn ich bin nicht gläubig«, beschied de Duve, »ich werde verschwinden, es wird nichts bleiben.« Ja, so denke ich heute: Es wird nichts bleiben. Es wird nichts bleiben außer der Erinnerung an mich in den Gehirnen mancher, wenn ich wählen dürfte: bestimmter, mir immer naher Menschen, und vielleicht wird das, was ich im Leben hinterlasse, Schriftliches oder auf Datenträgern Gespeichertes, eine Weile Bestand haben, ehe der wahre Dämon allen Lebens, die Amnesie, sich meines Angedenkens bemächtigt, die Erinnerung an ein Leben tilgt und die Urne mit meiner Asche nach neunundneunzig Jahren unter der Stieleiche an der Flussaue wohin auch immer verfrachtet wird. Durch das Vorbild finaler Selbstbestimmung eines Menschen wie Christian de Duve in einem Stadium kerngesunden Lebens vorbereitet, wird mir später, im Stadium denkbarer Unheilbarkeit des Lebens, ein friedlicher Tod möglich sein. Der Friede mit sich, die Zähmung der ruhelosen Selbststeigerungskräfte, dieser unsteuerbaren Mächte, die in den Tiefenschichten von Geist oder Seele oder Wille oder schlicht dem unendlich komplexen und raffinierten Gehirn des Menschen wühlen und jammern, drängen und drücken – das, vermutlich, ist das letzte Glück, das mir zuteilwerden kann.

Ich will den Tod, wenn er eines Tages kommen wird, als notwendigen Teil meines Lebens begriffen haben. Das ist geistige Arbeit. Wie ich mein Leben plane und geplant habe, so will ich auch mein Sterben planen und für den Todesfall geplant haben. Ich denke heute, mir im Alter schuldig zu sein, dass ich mir am Ende des Lebens mit Liebe begegnet bin. Selbstliebe im Falle des Sterbens ist das letzte Zeichen, das ich zu hinterlassen wünsche.

Ich weiß nicht, wo ich im letzten Moment meines Lebens sein werde. Ich weiß nicht, in welchem Zustand ich dann sein werde. Ich weiß nicht, ob ich das Glück habe, schnell, friedlich und schmerzbefreit zu sterben, oder das Unglück, in Schmerzen vom Leben ausgewrungen zu werden. Auch wenn ich all das nicht weiß und niemand es vor der Erfahrung je wissen kann, weiß ich eines gewiss: dass ich Herr über mein Sterben sein will. Ich weiß, dass dies jetzt geht. Ich weiß, dass ich anfangen muss, sterben zu lernen.

Dank

Für Austausch, Debatte und Gespräch danke ich Michael Anderheiden, Wolfgang U. Eckart, Norbert Fischer, Fritz Roth, Dieter Sturma, Ulrich Schroth, Luisa Wolke, Michael Wunder und Andreas Sentker.

Christian Schüle

DAS ENDE DER WELT

Von Ängsten und Hoffnungen in unsicheren Zeiten

Was war dran am Weltuntergang im Jahr 2012? War es mehr als ein Gemisch aus Magie und Wunderglaube? Oder doch nur ein Medienhype? Christian Schüle begibt sich auf Spurensuche und erzählt die Geschichte von der Lust am vorhergesagten Untergang. Er beschreibt esoterische Hysterie und befragt die Religionen über das Ende der Welt, die Psychologen über die Untergangsangst und die Naturwissenschaftler über den Zustand unserer Erde – und gelangt zu dem Ergebnis, dass der Weltuntergang im Unterbewusstsein jedes Menschen angelegt und deshalb so leicht abrufbar ist. Doch Schritt für Schritt gerät seine Spurensuche zu einer beunruhigenden Zeitdiagnose. Denn der Weltuntergang könnte ganz anders daherkommen als von seinen Verfechtern beschrieben …

»*Das Ende der Welt* des Essayisten Christian Schüle ist zweifellos der sprachmächtigste Versuch, die Untergangshysterie zu verstehen.«
Psychologie heute

PATTLOCH

Reimer Gronemeyer

DAS 4. LEBENSALTER

Demenz ist keine Krankheit

Prominente wie Rudi Assauer, Tilman Jens und Arno Geiger haben die Öffentlichkeit wachgerüttelt – nun liefert Reimer Gronemeyer den Hintergrund zu einer längst überfälligen Debatte: Sein Buch »Das 4. Lebensalter« beschreibt den schwierigen Alltag dementer Menschen und ihrer Angehörigen und prophezeit eine soziale Kernschmelze: 1,3 Millionen demente Menschen gibt es derzeit in Deutschland. In unserer alternden Gesellschaft werden immer mehr Menschen dement, ihre Familien sind immer weniger in der Lage, diese Menschen aufzufangen, und die Kosten für ihre Betreuung explodieren. Reimer Gronemeyer fordert einen Perspektivwechsel. Seine These: Mit medizinischer Forschung allein werden wir das Problem nicht lösen! Was wir brauchen, ist eine Strategie gegen die sozialen Folgen von Demenz. Denn wir wissen nicht, wodurch Demenz ausgelöst wird – aber wir wissen, dass es jeden treffen kann.

PATTLOCH